AF230540

LA FIN·

DU

SECOND EMPIRE

PAR

C. DE KIRWAN

(Extrait de la Science Catholique, Avril 1905).

SŒUR-CHARRUEY

IMPRIMEUR-LIBRAIRE-ÉDITEUR

ARRAS   PARIS

10, Rue des Balances   Rue de Vaugirard 41.

LA FIN

DU

SECOND EMPIRE

PAR

C. DE KIRWAN

(Extrait de la SCIENCE CATHOLIQUE, Avril 1905).

SUEUR-CHARRUEY

IMPRIMEUR-LIBRAIRE-ÉDITEUR

ARRAS   PARIS

10, Rue des Balances   Rue de Vaugirard 41.

LA FIN DU SECOND EMPIRE

Deux fois déjà nous avons eu occasion d'entretenir les lecteurs de ce recueil de l'œuvre monumentale que, depuis plus de dix ans, M. de la Gorce consacre, avec une rare puissance de travail, à l'histoire du second Empire et dont il vient de publier le septième et dernier volume.

Une première fois, en janvier 1900, après avoir rapidement résumé l'histoire des neuf premières années du règne, nous avions suivi l'érudit auteur pendant les cinq années de 1861 à 1866 : ce fut l'époque de la guerre du Mexique, des premiers essais de « l'Empire libéral », du rôle du gouvernement de Bonaparte lors de l'insurrection polonaise et de la guerre de la Prusse alliée à l'Autriche contre le faible Danemark, suivie bientôt du conflit austro-prussien qui éclata en juin 1866.

C'était l'objet du tome IV.

Près de deux ans plus tard, en décembre 1901, était résumé, d'après le tome V, les trois années (1866 à 1869) qui complètent la période autoritaire du règne de Napoléon III. Nous fûmes ainsi conduits jusqu'à la constitution du ministère Ollivier (2 janvier 1870).

Mais les événements se pressent d'autant plus précipités, d'autant plus multipliés, que ce règne d'un prince bien intentionné mais utopiste et rêveur, approche de sa fin. Deux volumes in-8º (1) avaient suffi pour retracer, d'une manière très complète, l'histoire de ses sept premières années, soit jusqu'au 1er janvier 1859. La guerre d'Italie et les événements qui ont suivi jusqu'à la mort du comte de Cavour, arrivée le 6 juin 1861, avaient fourni la matière du troisième volume qui vit le jour en juin 1896, alors que les deux précédents venaient d'être couronnés par l'Académie française du prix Alfred Née. Les premiers mois de l'année 1899 virent paraître le tome IV dont nous avons parlé plus hautet que l'Académie française a honoré du grand prix Gobert. Suivait, un an plus tard, le tome V qui nous a conduits, comme on vient de le rappeler, jusqu'au décret impérial par lequel fut constitué le ministère Ollivier.

Le tome VI, dont nous avons à parler aujourd'hui devait, dans le plan de son auteur, compléter l'histoire du second Empire jusqu'à sa chute, au 4 septembre 1870. Mais si féconde en événements politiques et mili-

(1) Parus en 1894. Librairie Plon-Nourrit.

taires a été cette année justement dénommée l'année terrible, que le sixième volume, avec ses 466 pages, n'a pu suffire à épuiser le récit de cette fin de règne ; il a dû s'arrêter à la fatale journée du 6 août où nous fûmes battus à Frœschwiller, non loin de Reischoffen, et à Forbach. Sept mois seulement s'étaient écoulés depuis la constitution du ministère Ollivier.

Enfin un septième et, cette fois, dernier volume contient, dans ses 444 pages, l'histoire d'un mois à peine, du 6 août au 4 septembre.

Ainsi il a suffi de cinq volumes de consistance sensiblement égale pour retracer DIX-HUIT ANNÉES du règne de Napoléon III, et il en a fallu deux non moins compacts pour écrire l'histoire de ses HUIT DERNIERS MOIS, tant les faits s'y pressent nombreux, accumulés, sans répit, pour le malheur alors, et plus encore, hélas ! dans la suite, de notre pauvre patrie.

Deux périodes bien distinctes se partagent les neuf derniers mois du règne de Louis Bonaparte : la période de paix qui s'étend jusqu'à la déclaration de guerre à la Prusse (19 juillet), et qui comprend les deux tiers du tome VIe ; la période de guerre jusqu'à la chute de l'Empire, laquelle comprend, avec le dernier tiers de ce volume, la totalité du tome VIIe.

I

LE MINISTÈRE OLLIVIER

Trois grands faits, dont l'un bien qu'extérieur à la France l'intéresse plus particulièrement, occupent la période de paix : l'établissement du ministère du 2 janvier et les événements politiques contemporains ; la réunion et les délibérations du Concile du Vatican ; le plébiscite consacrant la nouvelle forme de l'Empire.

Un quatrième fait, très complexe, ayant donné lieu aux discussions diplomatiques les plus longues et les plus compliquées, d'une importance capitale pour l'histoire de notre pays puisqu'il fut la cause de la guerre, nous voulons parler de la candidature d'un Hohenzollern au trône d'Espagne, tient la place de beaucoup la plus considérable dans le récit des événements accomplis jusqu'à la notification à Berlin de l'état de guerre.

***

Le ministère Ollivier était à peine constitué que surgit un de ces événements lugubres qui semblent présager la chute d'un régime : Le meurtre du jeune Victor Noir (de son vrai nom Yvon Salmon) par le prince Pierre Bonaparte. Ce dernier, troisième fils de Lucien, n'avait pas rang officiel dans la famille de l'empereur. Il était, par son caractère violent, ses passions sauvages, de ces parents gênants et encombrants que leur famille tient le plus possible à l'écart, mais qui n'en peuvent pas moins être compromettants à un moment donné.

« Des aventures de sa vie déjà longue — car il avait cinquante-quatre ans, — dit M. de la Gorce, on eût composé un roman, mais un roman mauvais et sombre, fait de rencontres douteuses plutôt que de prouesses. Il avait grandi en Italie. Retiré dans les Etats du Pape, il n'avait nourri que le désir de semer l'agitation là où il avait reçu l'hospitalité. Artisan de complots, il avais tué l'un de ceux qui voulaient l'arrêter ; condamné à mort, puis grâcié, il avait subi au château Saint Ange une assez longue détention... En Amérique, en Angleterre, en Orient, partout il s'était montré sous le même aspect, moitié révolutionnaire, moitié bretteur, impatient de toutes mœurs policées et surtout incapable de retenir ou de modérer ses colères...

« Le coup d'Etat survenant, le fils de Lucien s'en indigna, puis se résigna à en profiter. Du banquet de l'Empire, il ne recueillit que les miettes. On le fit *Altesse*, mais altesse de second ordre, étranger à la famille impériale et cousin qui ne cousinait que par tolérance. Le nouveau règne se consolidant, on ne parla plus guère de lui. A la Cour, on le connaissait à peine. Il portait le poids d'une situation irrégulière que, plus d'une fois, semble t-il, il voulut en vain régulariser. Les libéralités de la cassette impériale formaient la meilleure source de son revenu... »

Dans les premiers jours de janvier, ce prince bretteur s'avisa d'intervenir dans une querelle entre deux journaux au sujet de Napoléon Ier qu'une feuille radicale accablait d'invectives et d'injures grossières. Dans une lettre publique, le prince Pierre traitait violemment les gens de l'organe républicain « de misérables, de lâches, de *judas*. » Un autre journal révolutionnaire ayant pris la défense du premier, le prince Pierre répliqua, le 9 janvier, par une attaque « où, dit M. de la Gorce, tout était calculé pour aiguiser l'injure ».

De là, une double provocation en duel, dont les deux auteurs paraissent ne pas s'être concertés. Mais faites et reçues en dehors de toutes les convenances et de toutes les règles admises par le Code de cette coutume barbare, ces provocations amenèrent un imbroglio où Victor Noir, l'un des témoins mis directement en rapport avec le prince, échangea avec lui des propos blessants bientôt suivis d'un soufflet, auquel il fut répondu par la décharge d'un révolver qui atteignit le pauvre jeune homme en pleine poitrine et toucha le cœur.

On devine, sans qu'il soit besoin de renvoyer au lumineux récit de notre auteur, tout le parti que le clan du désordre sut tirer de la mort violente de cet enfant (il avait à peine 21 ans), dont le meurtrier était un Bonaparte. Pas n'était besoin de l'immense réclame qui fut faite pour ameuter aux obsèques de la victime tout ce que Paris comptait de démagogues, d'hommes de désordre de tout poil et de tout acabit,... et aussi de badauds. Mais, grâce à la prudence et à la fermeté des ministres d'alors, grâce aussi, il faut le reconnaître, à ce que les manifestants ne se sentaient pas les plus forts, la journée se termina sans désordre et la paix publique ne fut pas troublée.

« L'Empire touchait à ses derniers jours, dit notre auteur, mais il faudra, pour l'abattre, d'autres adversaires et d'autres coups. » C'est vrai ; mais la manifestation avortée dont l'enterrement de Victor Noir fut le prétexte, comme la violence des passions soulevées à cette occasion, n'en constituaient pas moins un symptôme de sinistre augure. N'en était-ce pas un déjà que le fait d'un journal pouvant insulter impunément à la mémoire du fondateur de la dynastie régnante?

Cependant, la politique libérale et conciliante du nouveau ministère, l'honnêteté indiscutée de ses membres n'avaient pas tardé à effacer dans l'opinion la trace de cet incident pénible. Tout renaissait à la joie et à l'espérance.

Pour donner satisfaction aux réclamations, d'ailleurs légitimes, du parti républicain contre l'ingérence des fonctionnaires dans les élections — ingérence pourtant bien anodine comparativement à celle dont use ce même parti depuis qu'il est au pouvoir ! — des mesures efficaces furent prises pour laisser toute liberté à la manifestation des opinions même les plus violentes ; en quoi le ministère faisait preuve, peut-être, de plus de loyauté et de générosité que d'esprit politique. L'indépendance des corps judiciaires fut garantie par l'abrogation de dispositions qui pouvaient prêter à quelque soupçon. L'appréciation, l'analyse et la discussion des séances législatives, jusqu'alors rigoureusement interdites, furent autorisées. Un projet de loi fut présenté pour conférer au jury la connaissance des délits de presse. Enfin, le gouvernement proposa et vit adopter à l'unanimité l'abrogation de la loi de sûreté générale.

Enfin, trois grandes commissions furent instituées, en vue : l'une, de rechercher le meilleur mode pour la représentation et l'administration de la Ville de Paris ; une autre, de préparer des projets de loi destinés à

opérer une décentralisation effective et réelle en stimulant la vie commu-
nale, cantonale, provinciale ; la troisième, enfin, d'étudier l'organisation
de la liberté de l'enseignement supérieur. Ces commissions, composées
dans l'esprit le plus large et le plus sincèrement libéral, comprenaient
l'élite des hommes éclairés et compétents. Une foule d'autres réformes
étaient étudiées par ce ministère éminemment laborieux. Mais, comme
toujours, le parti révolutionnaire qui n'a jamais réclamé la liberté que
pour la combattre ou la confisquer à son profit quand il l'a obtenue,
travailla à entraver l'action bienfaisante d'un ministère honnête et répa-
rateur ; il s'efforça de semer l'agitation dans les départements, fomenta
les grèves et la révolte. Ce fut l'honneur du nouveau gouvernement de
conjurer ce danger par une attitude aussi prudente que ferme et hardie
et sans recourir à aucune mesure illégale.

*
* *

Peu de temps avant l'accession au pouvoir d'Emile Ollivier et de ses
collègues, un événement avait surgi qui, bien qu'intéressant tous les
États catholiques ou ayant des sujets catholiques, présentait pour la
France et son gouvernement, une importance plus considérable encore.
Convoqué par Pie IX, un Concile œcuménique avait été ouvert au
Vatican le 8 décembre précédent.

Contrairement à un usage traditionnel les puissances n'avaient pas
été invitées à se faire représenter à ces grandes assises de la Catholicité.
Cette dérogation à une coutume, accessoire après tout, s'expliquait par
les circonstances du temps. Aucun Concile œcuménique n'avait été
tenu depuis le milieu du xvie siècle où s'était tenu le Concile de Trente.
Inviter les États catholiques à se faire représenter au nouveau Concile
sans y inviter les dissidents eût pu froisser ces derniers ; et d'autre part,
comment, à quel titre, inviter aux assises solennelles de l'Eglise, des
États qui depuis trois siècles faisaient profession de ne plus reconnaître sa suprématie ? Comment y convoquer, d'autre part, un Victor-
Emmanuel spoliateur des États du Saint-Siège, et un Juarez meurtrier
de Maximilien ? Le plus simple, ne pouvant inviter tous les chefs d'État,
était de n'en inviter aucun.

Cette sage mesure ne laissa pas de mécontenter les derniers débris
du gallicanisme qui se rencontraient encore parmi les vétérans du Sénat
français. Mais « la jeune école » qui visait déjà à la séparation de l'Église
de l'État, se réjouit au contraire de cette prétérition. Émile Ollivier, qui « était un des hommes rares pour qui séparer l'Eglise de

l'Etat représentait une formule sincère », exhortait « en termes excellents » les ministres à laisser toute liberté aux évêques et aux catholiques relativement au Concile, et à éviter vis-à-vis d'eux « tout ce qui paraîtrait malveillance et surtout vexation. »

Mais d'autres difficultés subsistaient. L'Empereur, que la publication antérieure du célèbre *Syllabus* avait vivement froissé, car il y voyait la condamnation de ses propres vues, voulait bien n'apporter aucune entrave au voyage des Pères du Concile, mais il entendait réserver sa liberté d'action en ce qui concerne les rapports entre le pouvoir religieux et le pouvoir civil. Malgré les efforts des évêques, et notamment du cardinal de Bonnechose que Napoléon III tenait en grande estime, pour lui faire comprendre la différence entre la théorie et la pratique, entre la thèse et l'hypothèse, l'Empereur n'avait rien compris à ces distinctions ; et, dit M. de la Gorce, « comme il était l'esprit le moins théologique du monde » (ne pourrait-on pas dire aussi le moins logique ?), « il s'était persuadé que la société laïque et l'Eglise se trouvaient séparées par un infranchissable abîme. » Combien, avec lui et depuis lui, les uns de bonne foi, un plus grand nombre par perfidie, ont partagé et propagé cette erreur funeste !

Ce n'était pas tout. Au sein des catholiques eux-mêmes, un peu partout mais principalement en France, deux partis s'étaient formés qui s'efforçaient par avance d'incliner le futur Concile à leurs vues. Les uns avec les Montalembert, les Falloux, les Dupanloup, les Albert de Broglie, les Augustin Cochin, voulaient associer la pensée chrétienne à la liberté et, par celle-ci, servir celle-là. Les autres, c'est-à-dire la grande majorité du clergé, sous la conduite de M. Louis Veuillot et des rédacteurs du journal l'*Univers*, repoussaient les doctrines de liberté et de droit commun « comme on ferait d'une erreur, presque d'une hérésie. » D'ailleurs « des deux parts l'attachement à la foi catholique était égal », ce qui, au moins en France, ne permettait pas « qu'aucun désaccord devînt un déchirement ». Car si les premiers, « les yeux tournés vers leurs frères séparés, les protestants, les rationalistes, souhaitaient que le Concile, loin d'appesantir le joug de la foi, déjà trop lourd pour plusieurs, s'abstînt de tout ce qui paraîtrait défi aux doctrines en vogue ou extension du domaine surnaturel, leurs adversaires rejetaient ces prudences tout humaines, » craignant qu'à force de poursuivre l'union l'on ne compromît l'unité. Le fond du débat pouvait se résumer en ce bref dialogue :

— Gardez-vous, disaient les uns, d'éteindre la mèche qui fume encore.

— Craignez, répondaient les autres, d'énerver ou d'enchaîner la parole de Jésus Christ.

Ce n'étaient là du reste que des hors-d'œuvre antérieurs à l'ouverture du Concile. Après celle-ci fut soulevée la question qui dominait toutes les autres et qui semblait être le but principal de la réunion de l'auguste assemblée : la définition de l'infaillibilité personnelle du Souverain-Pontife en tant que docteur de l'Eglise.

Sur la vérité de cette infaillibilité, il n'y avait guère de désaccord entre les catholiques, en France du moins. Car si l'on excepte le malheureux moine Loyson, en religion Père Hyacinthe, qui, par une bruyante manifestation, se sépara avec éclat de l'Eglise romaine, aucune personnalité de quelque valeur ne le suivit dans sa révolte. Mais où il y avait dissentiment très grave, c'était sur la question d'à propos, d'opportunité.

Cette diversité d'opinions se retrouva dans le Concile, où d'ailleurs les partisans de la définition « avaient pour eux le nombre et l'appui non dissimulé de Pie IX. » Mgr Pie, évêque de Poitiers, Mgr Plantier, évêque de Nîmes, Mgr Deschamps, évêque de Malines, Mgr Manning, archevêque de Westminster, étaient les plus marquants parmi les *infaillibilistes* ; ils comptaient avec eux la grande masse des évêques italiens et espagnols et les vicaires apostoliques, « peu versés dans les débats théologiques, mais simplistes à la manière des hommes d'action, et se reposant filialement sur Pie IX. » Du côté des *opportunistes* (1), il y a lieu de signaler parmi les Français : Mgr Darboy, archevêque de Paris ; Mgr Ginouilhac, évêque de Grenoble ; le cardinal Matthieu, archevêque de Besançon ; Mgr Dupont des Loges, évêque de Metz ; Mgr Dupanloup ; parmi les étrangers, Mgr de Mérode, belge, prélat de Sa Sainteté et « très avancé dans l'intimité de Pie IX », Mgr Haynald, archevêque de Colocza ; Mgr Héfélé, évêque de Rottembourg ; Mgr Strossmayer, évêque de Sirmium (qu'on a pu appeler le Dupanloup de l'Autriche-Hongrie), Mgr Kettler, évêque de Mayence, le cardinal de Schwarzenbeg, archevêque de Prague, le cardinal Raussacher, archevêque de Vienne.

En dehors de ces deux groupes s'en était formé un troisième où l'on remarquait Mgr Forcade, évêque de Nevers, et le cardinal de Bonnechose, archevêque de Rouen ; sans toucher à la théologie, il tendait à obtenir des délais, à ajourner les discussions irritantes, à adoucir les formules.

---

(1) Qu'il eut été plus exact d'appeler *inopportunistes*, puisqu'ils jugeaient *inopportune* la définition d'un dogme dont ils ne contestaient point d'ailleurs la vérité.

Ce qui inquiétait les membres de ces deux derniers groupes, ce n'était pas tant l'infaillibilité, à laquelle tous croyaient ou presque tous, qu'un *Postulatum* signé par 419 des Pères du Concile et dont les tendances générales, en outre de la question d'infaillibilité, semblaient contenir des dispositions de nature, par leur rigueur, à pousser au schisme les peuples de race germanique, ou à provoquer de la part des gouvernements de fâcheuses représailles. En fait les tendances générales et certaines décisions du Concile, même en dehors de la question de l'infaillibilité, ne laissèrent pas de mécontenter ou au moins d'inquiéter les Puissances : ce n'était sans doute pas tant pour ces décisions en elles-mêmes — car elles ne faisaient que proclamer ce qui est de l'essence même de l'Eglise universelle — qu'en raison des circonstances dans lesquelles elles étaient rappelées et peut-être de la forme dont on les revêtait.

Passons sur les représentations d'allure très réservée, très respectueuse, d'une droiture et d'une sincérité transparentes, contenues dans un *Memorandum* rédigé par le comte Daru, ministre de Napoléon, et auquel avaient adhéré plusieurs des principales puissances. Présenté au Saint-Père, le message fut accueilli par lui avec bienveillance mais avec un refus, aussi ferme qu'adouci et courtois dans la forme, de le communiquer au Concile.

Un grand deuil, sur ces entrefaites, frappa l'Eglise de France : le 13 mars, mourait à Paris, après une longue et cruelle maladie et à peine âgé de 60 ans, le grand orateur catholique, le défenseur infatigable de l'Eglise, Monta'embert, celui qui, à vingt ans, soutenait à la Chambre des Pairs et contre le gouvernement d'alors, le principe de la liberté d'enseignement ; Montalembert, l'implacable adversaire du gallicanisme, mais qui redoutait pour l'Eglise l'entraînement vers la centralisation et l'absolutisme. Nous renvoyons au tome VI de l'*Histoire du Secon Empire*, pages 66 à 69, le lecteur désireux de voir retracés de main de maître les derniers moments de ce grand chrétien, sa haute et fière physionomie, l'appel à Dieu qui accompagna son dernier soupir.

Revenons au Concile. Ayant écarté l'ingérance civile, le Concile — c'est-à-dire son importante majorité que fortifiait encore les lettres pressantes, sous forme d'adresse au Saint-Père, par lesquelles une foule de prêtres, même des diocèses dont les évêques faisaient partie de la minorité, suppliaient qu'on se hâtât de proclamer le dogme attendu — le Concile en très grande majorité, se montra résolu dans le sens infaillibiliste. Enfin le 9 mai, fut distribué aux Pères un nouveau *schema*, dont avaient été éliminées toutes propositions relatives aux rrpports de l'Eglise et de l'Etat, mais dans lequel l'infaillibilité du Chef de l'Eglise universelle était clairement définie en tant que, « EXER-ÇANT SA MISSION DE DOCTEUR SUPRÊME DE TOUS LES CHRÉTIENS, IL DÉFI-NISSAIT PAR SON AUTORITÉ APOSTOLIQUE CE QUI DEVAIT ÊTRE TENU POUR ARTICLE DE FOI PAR L'ÉGLISE UNIVERSELLE DANS LES CHOSES DE FOI OU DE MŒURS. »

Le 18 juillet suivant, cette définition avait été solennellement adoptée, à la presque unanimité sauf 2 voix, les Pères appartenant à la minorité ayant préféré, voyant l'impuissance de leurs efforts, se rallier à la majorité. Cette décision, accueillie avec joie par les uns, avec une filiale soumission par tous, ne rencontra d'insoumis de quelque notoriété et de quelque valeur que dans le chanoine Dœllinger. Les autres prêtres de divers pays qui le suivirent dans sa rébellion pour former la secte aujourd'ui mourante ou morte dite des *vieux catholiques*, furent généralement les membres tarés, les brebis galeuses de leurs clergés respectifs.

Nous touchions du reste aux plus douloureux événements.

*
* *

Il nous faut revenir quelque peu en arrière pour reprendre la suite des faits à l'intérieur. Le ministère Ollivier, gêné dans la mise en pratique de ses intentions droites et sincères, par les manœuvres des oppositions de gauche d'une part, et de l'autre par les résistances des vieux impérialistes, inconsolables de la nouvelle orientation du Pouvoir, avait à faire face à de multiples difficultés. Une de celles qui lui fut suscitée avait trait à la candidature officielle, jusque là ouvertement déclarée comme faisant partie des droits du gouvernement. La gauche, c'est à dire les hommes qui, peu après, constitueraient le parti républicain, émirent cette thèse que l'intervention des pouvoirs publics dans les élections était incompatible avec l'existence d'un gouvernement libre. C'est là une de ces théories que l'on soutient avec chaleur et éloquence dans l'opposition, mais qu'on se hâte de répudier quand on est soi-même maître du pouvoir. Nous en savons quelque chose aujourd'hui.

Le procès (21 mars) du prince Pierre Bonaparte, meurtrier de Victor Noir, fut encore, pour les fauteurs d'anarchie et de désordre, une occasion de manifestations injurieuses. Et comme des débats du procès, il ne résulta aucune preuve que le prince eût été l'agresseur, mais au contraire de fortes présomptions qu'il n'avait fait que riposter à une attaque dont il avait été l'objet, il bénéficia du doute et, comme il arrive toujours en pareil cas, fut acquitté par le jury. Ce qui n'empêcha pas l'opposition de gauche de s'indigner contre le servilisme du jury et des juges. Peu après, l'Empereur avisa à éloigner de la France un cousin aussi compromettant.

Les nombreuses concessions faites par Napoléon aux vœux de l'opinion publique avaient laissé subsister une singulière anomalie. Tandis que la Chambre des députés était devenue législative, statuant sur toutes les affaires ordinaires, le Sénat renfermé dans son rôle constituant, n'avait aucune part dans l'élaboration des lois, dans la législation courante. Il s'agissait de mettre un terme à cette sorte de paradoxe. Les vieux sénateurs se souciaient peu de cette extension d'attributions et appréhendaient tout changement dans leurs habitudes. Il fallut une lettre du Souverain (21 mars) manifestant sa volonté, pour que les membres du Sénat accédassent au changement projeté.

Mais alors surgit un autre embarras.

M. Emile Ollivier voulut, en partageant les attributions législatives et constituantes entre le Corps législatif et le Sénat, réserver au plébiscite ce qui concernait l'hérédité impériale et l'organisation essentielle des pouvoirs publics : de leur côté les sénateurs jugèrent le changement proposé trop grave, trop fondamental pour être adopté par un simple sénatus-consulte et sans que le peuple réuni dans ses comices eût été consulté ou tout au moins appelé à le ratifier. Au corps législatif l'opposition combattit la mesure ; Gambetta, qui se révéla alors orateur politique, soutint, non sans avoir pour lui la logique, que le plébiscite, c'est-à-dire le peuple appelé à délibérer sur la constitution et les lois de l'Etat, c'était l'essence même du régime républicain, seul régime qui fut adéquat au suffrage universel.

Malgré l'opposition, au mécontentement des partisans du régime parlementaire, sans grand entrain de la part du ministère qui eût préféré sagement tout régler par un sénatus-consulte, mais par suite de l'obstination du Sénat, le principe du plébiscite fut admis. Peu après, M. Buffet, le rigide disciple des maximes de la monarchie libre, ne crut pas pouvoir prêter son concours à une mesure dans laquelle il entrevoyait un retour possible au pouvoir absolu : il quitta le ministère. M. Daru aurait voulu, en acceptant le plébiscite projeté, qu'il fût stipulé qu'aucun autre appel au peuple ne pût-être soumis au suffrage universel sans l'assentiment préalable des deux Chambres ; n'ayant pu obtenir l'acquiescement de l'Empereur, il se retira également.

« C'est ainsi, observe judicieusement M. de la Gorce, que, par une bizarre conjonction des choses, l'acte qui aurait dû affermir le ministère du 2 janvier en commença l'ébranlement », et que ce fut au moment où l'on s'apprêtait à couronner l'édifice libéral que les libéraux s'en allèrent attristés, tandis que se réjouissaient les partisans du pouvoir sans contrôle.

Tout ceci se passait dans le mois d'avril, et le 20 de ce mois fut votée par le Sénat le sénatus-consulte qui mettait fin, après dix-neuf ans, à ses pouvoirs constituants.

Le plébiscite ayant été fixé au 8 mai, une grande commotion saisit le pays tout entier. Suivant la nuance des partis, les uns poussaient à son adoption, d'autres se tenaient sur la réserve fort embarrassé, ne voulant pas que les OUI fussent obtenus en trop grande majorité par crainte d'une réaction autoritaire, mais voulant encore moins que les NON l'emportassent par crainte de la démagogie. Quant au parti démocratique, il fut, suivant sa constante tradition, violent et séditieux, outrageant odieusement le gouvernement dans les réunions publiques et cherchant à faire de la propagande anti-bonapartiste dans l'armée (1).

Au milieu de toute cette agitation, de cette mêlée des partis, le sens et le but de la formule du plébiscite (2) avaient complètement disparu des esprits ; au sénatus consulte et aux réformes libérales, personne ne songeait plus. L'unique question était la conservation où le renversement de l'Empire. Fatale conséquence du principe de la souveraineté populaire qui entraîne la négation de toute stabilité, de tout avenir assuré.

Le 8 mai arriva. Quand durant la soirée et la nuit qui suivirent on reçut peu à peu aux Tuileries, les résultats du dépouillement des scrutins, il se trouva que les votes de Paris et des grandes villes, expédiés les premiers, donnaient une forte majorité aux bulletins négatifs. Dans l'armée même — car on avait fait voter aussi l'armée, ce qui avait le grave inconvénient de livrer à l'étranger le chiffre de nos effectifs —

(1) Combien les événements changent, retournent, pourrait-on-dire, la disposition des esprits ! Ceux d'entre nous qui avaient âge d'homme lors de la révolution de 1848, se rappellent encore l'enthousiasme avec lequel les républicains d'alors honoraient la mémoire du premier empereur. On voyait souvent son buste à côté du buste symbolique personnifiant la République.

La légende napoléonienne n'avait pas de plus chauds adeptes que les hommes du parti triomphant On considérait Napoléon en quelque sorte comme le père du régime nouveau. — Aujourd'hui, les descendants des républicains de 1848, comme leurs devanciers du reste de 1870, n'ont pas assez d'anathèmes et d'animadversion contre tout ce qui tient au nom des Bonaparte.

(2) Cette formule était ainsi libellée : « Le peuple approuve les réformes libérales opérées dans la constitution depuis 1860 par l'Empereur avec le concours des grands corps de l'Etat, et ratifie le sénatus-consulte du 20 avril 1870 ». On devait répondre par oui ou par non.

dans l'armée même, où l'on croyait pouvoir escompter l'esprit de discipline et le prestige du nom de Napoléon, les défections furent nombreuses, principalement dans les garnisons des grandes villes où le virus démagogique était le plus répandu (1).

Finalement les votes des départements et des campagnes ne tardèrent pas à renverser les espérances de l'opposition révolutionnaire. Les oui approchèrent de 7.400.000 suffrages (2) tandis que les bulletins négatifs n'atteignaient pas le nombre de 1.600.000 (3). Il y avait deux millions d'abstensions ou bulletins nuls.

Mais en somme, et nonobstant l'interprétation intéressée du parti révolutionnaire qui s'attribuait une victoire morale, le pays, par ce plébiscite, renouvelait son adhésion à l'Empire, et celui-ci en eût retiré un sérieux élément de consolidation si, de nouveau, n'avait dû se renouveler l'application du vieil adage historique d'après lequel la distance est courte du Capitole à la Roche Tarpéienne.

*
* *

L'agent, alors secret dans ses agissements, de la chute de l'Empire par l'écrasement de la France, c'était un homme d'Etat déjà célèbre par une habileté remarquable mêlée d'astuce et de brutalité, par une promptitude de décision à la fois traîtresse et violente, d'ailleurs conseiller écouté du roi de Prusse et tout puissant auprès de lui : on a reconnu le comte de Bismarck.

Ce n'est pas que ses machinations fussent apparentes au début. Ou plutôt il a saisi avec une rare perspicacité l'occasion d'une question où la France ne semblait qu'indirectement intéressée, pour arriver finalement à son but en mettant à profit les tergiversations, les fautes, les maladresses du gouvernement français et de son Parlement, au besoin en manœuvrant pour les provoquer, en dernier lieu en procédant par ce qu'on pourrait appeler un faux en écritures diplomatiques.

N'anticipons pas.

On sait qu'en septembre 1868, une révolution avait renversé du trône d'Espagne la reine Isabelle, et que les Cortès, convoquées par le gouvernement provisoire, avaient décidé de conserver le régime monarchique avec un roi à désigner. Les négociations engagées dans ce but durèrent

---

(1) Dans l'armée de terre, sur 300.000 votants, il y eut 41.748 NON et 3000 bulletins nuls. Dans l'armée de mer, il y eut 6000 NON et 500 bulletins nuls sur 30.400 votants.

(2) Exactement 7.358.786.

(3) 1.571.939.

deux ans. Ici est tracé magistralement, dans le livre de M. de la Gorce, tout un chapitre de l'histoire d'Espagne mêlée à la nôtre, mais sur lequel nous n'insisterons pas. Il nous suffira de dire que longtemps ces négociations furent tenues secrètes ou du moins ne se poursuivirent que diplomatiquement et sans qu'il en transpirât grand'chose dans le public. Peu après la constitution, en Espagne, d'un gouvernement provisoire et sa confirmation par les Cortès avec le général Serrano pour président, la candidature du prince Léopold de Hohenzollern Sigmaringen avait été subrepticement indiquée de Berlin, un peu à titre de ballon d'essai. D'autres candidatures, celles du prince Ferdinand de Portugal, du duc de Montpensier, du duc de Gênes, neveu du roi d'Italie, furent successivement offertes ou empêchées ou déclinées. Cependant M. Benedetti, notre ambassadeur à Berlin, mis en éveil, obtenait de M. de Thil, le second (mais non le confident) de Bismarck, l'assurance formelle et sur l'honneur qu'on ne songeait point à un Hohenzollern pour le trône d'Espagne, qu'on n'y avait jamais songé. D'autre part l'interrègne se prolongeant, l'agitation se développait dans la péninsule : républicains d'un côté, carlistes de l'autre fomentaient la discorde. L'empereur, d'ailleurs, s'abstenait de toute ingérence à Madrid.

Cependant un député important des Cortès, M. Salazar y Mazareddo qui, déjà, dans une brochure dont la publication avait fait quelque bruit, avait mis en avant, en cas du refus prévu du prince Ferdinand de Portugal, la candidature du prince Léopold de Hohenzollern, fit en grand mystère le voyage de Berlin et trouva moyen, sans être reçu par le roi, d'amorcer cette candidature. Lui parti, un conseil fut tenu le 15 mars 1870, entre le roi, le prince royal, le prince Antoine, son fils Léopold, Bismarck et les autres ministres, dans lequel l'avis unanime fut pour l'acceptation de la couronne d'Espagne. Le prince Léopold se montra hésitant et finalement refusa ce lourd fardeau. On lui substitue son frère Frédéric. De nouvelles allées et venues se produisent, des intrigues diverses faut il ajouter. Des émissaires prussiens sont envoyés en Espagne. Mais, effrayé, à son tour, le prince Frédéric finit par se dérober comme son frère.

Exposer ici la complexité des agissements des hommes politiques ; raconter comment toutes ces négociations, faites avec assez de discrétion pour qu'elles transpi:assent peu dans le public, finirent cependant par s'ébruiter ; comment le prince Léopold, de plus en plus circonvenu, vit ses répugnances s'effacer peu à peu et accepta de nouveau la candidature ; dire l'irritation qui accueillit, aux Tuileries, la nouvelle de ces intrigues et de leur résultat, la répercussion dans les Chambres françaises de l'émotion générale ; rappeler les pourparlers, les entretiens diplomatiques, les déclarations sincères de notre côté, mais de la plus habile circonspection du côté de la Prusse ; signaler enfin dans quelles conditions et par suite de quelles circonstances fut obtenu, le 12 juillet, le désistement définitif du prince de Hohenzollern ; cette extrême multiplicité de faits nous entraînerait beaucoup trop loin. C'est chez M. de la Gorce qu'il faut lire ces palpitantes pages d'histoire dans lesquelles le charme du style s'ajoute à l'intérêt des faits eux-mêmes.

Cependant c'est avec une joie sincère qu'on apprit à Paris l'issue — apparente — de l'imbroglio qui depuis si longtemps occupait la diplomatie et avait fini par jeter partout l'inquiétude. A la Bourse, la rente 3 pour 100 remonta brusquement de 67 francs à 70. Joie, hélas ! de courte durée ! Les hommes de l'extrême droite bonapartiste qui ne redoutaient pas la guerre, épluchèrent les termes par lesquels avait été donnée la nouvelle et en contestèrent la signification et la valeur. Eux-mêmes, les conservateurs purs, se laissaient entraîner dans ce mécontentement. Aux uns et aux autres « se joignaient ceux qui cherchaient dans les complications récentes un profit pour leur ambition, une satisfaction pour leurs rancunes, » autrement dit les pêcheurs en eau trouble, et à leur tête Clément Duvernois qui ne pardonnait pas au ministère du 2 janvier de l'avoir exclu de son sein.

Un mot, un mot fatal, émergeait de tout ce tumulte, le mot de *garanties* à réclamer pour l'avenir ; et Clément Duvernois parla d'interpeller le Cabinet sur les garanties stipulées ou à stipuler « pour éviter le retour de complications successives avec la Prusse. » Les passions étaient montées au Palais-Bourbon ; et M. de Gramont, notre ministre des Affaires étrangères, qui d'abord penchait pour la modération et voulait que l'on se contentât de demander au roi de Prusse l'engagement de sa parole, ne tarda pas à subir l'effet de l'agitation ambiante.

Deux tentatives successives sont faites auprès du roi pour réclamer des garanties. Guillaume refuse la première fois, et, à la seconde tentative, s'irrite, trouvant humiliant pour l'orgueil prussien la démarche qui lui était demandée, mais se contente d'opposer à cette insistance un refus formel bien que courtois. Il eût du reste consenti à laisser tomber l'incident ; mais Bismarck veillait et n'entendait pas laisser passer sans les exploiter les erreurs et les imprudences françaises : à tout prix il voulait la guerre et il l'aurait.

On était au 13 juillet, quand M. de Bismarck reçut une dépêche datée d'Ems où se trouvait alors le roi, et signée du conseiller secret Abeken. Il y était dit que Sa Majesté ayant reçu la visite de M. Benedetti qui lui

avait demandé avec insistance de ne jamais autoriser une nouvelle candidature Hohenzollern, déclarait lui avoir démontré qu'on ne pouvait prendre ainsi des engagements à tout jamais, et avait ajouté
qu'Elle n'avait encore rien reçu et que puisqu'il était averti plus tôt par
Paris et par Madrid, c'était bien la preuve que le gouvernement prussien
était hors de question.

M. Abeken ajoutait que depuis lors le souverain avait reçu une lettre
du prince et qu'ayant dit au comte Benedetti qu'il attendait cette lettre,
Sa Majesté avait résolu de ne plus recevoir ce diplomate à cause de sa
prétention, et de lui faire dire simplement par un aide-de-camp qu'Elle
avait reçu du prince confirmation de la nouvelle déjà mandée de Paris
et n'avait plus rien à dire à l'ambassadeur.

Ce télégramme qui n'avait pas un caractère nécessairement belliqueux,
se terminait par la phrase suivante :

« Sa Majesté laisse à Votre Excellence le soin de décider si la nouvelle
exigence de Benedetti et le refus qui lui a été opposé doivent être com-
muniqués aux ambassadeurs et aux journaux. »

Quand Bismarck reçut cette dépêche, il avait auprès de lui les généraux de Moltke et de Roon qui étaient venus près de lui aux nouvelles
et qu'il avait retenus à dîner. Sans doute elle révélait des relations déjà
bien tendues. « Pourtant dans sa froide teneur, dit M. de la Gorce, dans
sa rédaction terne, incorrecte, alourdie, elle avait l'aspect d'un document grave plutôt qu'elle ne marquait une rupture définitive. » Et étant
données les dispositions personnelles du roi, l'action modératrice des
puissances, les vues pacifiques de la plupart des ministres français, il
restait une chance pour le maintien de la paix. Les trois convives en
furent atterrés, et les deux généraux en perdirent l'appétit. Mais le génie
inventif de M. de Bismarck ne tarda pas, après avoir réfléchi, à trouver
un prompt moyen d'annuler cette chance de paix. Ce moyen résidait
dans la « publication habilement préparée, plus habilement propagée »
qu'autorisait la dernière phrase de la dépêche. « Il n'y introduisit point
d'éléments nouveaux, et matériellement ne la faussa pas ; mais par
une adaptation scélérate, il revêtit de l'aspect d'un appel aux armes ce
qui n'était qu'information diplomatique : « Je n'ajoutai et ne retranchai
rien, a-t-il écrit plus tard avec une désinvolture cynique, « mais je fis
quelques suppressions ». La dépêche remaniée était ainsi conçue :

La nouvelle du renoncement du prince héritier de Hohenzollern a été officiellement communiquée au gouvernement impérial français par le gouvernement royal espagnol. Depuis, l'ambassadeur français a adressé à Ems à Sa
Majesté le roi la demande de l'autoriser à télégraphier à Paris que Sa Majesté le roi s'engageait à tout jamais à ne point permettre la reprise de la can-

didature. Là dessus, Sa Majesté le roi a refusé de recevoir encore l'ambassadeur et lui a fait dire par l'aide-de-camp de service qu'elle n'avait plus rien à
lui communiquer.

« S'étant ainsi substitué à son souverain, M. de Bismarck lut à ses
hôtes la rédaction nouvelle. En homme qui se pique de scrupule jusque
dans l'imposture, il prit soin qu'on constatât qu'il n'altérait rien. Seulement il présentait comme décidément rompue une négociation qui, d'a-
près le télégramme, semblait encore en suspens. La justification était
superflue, car les deux complices accueillirent le stratagème avec une
admiration ravie. »

« Bismarck, ajoute M. de la Gorce, aimait à ne rien perdre du fruit
de ses fourberies. Avec sa dextérité habituelle, il compléta aussitôt son
plan : « Il est essentiel, dit-il, que nous soyons les attaqués. La pré-
« somption et la susceptibilité françaises nous donneront aisément ce
« rôle. Si, comme Sa Majesté m'y autorise, je communique aussitôt aux
« journaux le texte que je viens de vous lire, et si, en outre, je le télé-
« graphie à toutes nos ambassades, il sera bientôt connu à Paris. —
« Non seulement par ce qu'il dit, mais par la façon dont il aura été ré-
« pandu, *il produira là-bas sur le taureau gaulois l'effet du drapeau*
« *rouge.* » Cette perspective acheva d'exalter les deux soldats. Les trois
hommes se remirent à table. Ils avaient tout à coup recouvré l'envie de
boire et de manger et causaient d'un ton joyeux... »

Pendant que se tramaient ces machinations la nuit était venue. Par
ordre de Bismarck, un supplément à la *Gazette de l'Allemagne du Nord*
était répandu à profusion dans Berlin par des crieurs qui le distribuaient
gratuitement. Ce supplément contenait la dépêche d'Ems, « mais arran-
gée et mise au point par la perfidie de Bismarck. L'information accom-
pagnée de brefs commentaires qu'y ajouta la passion ou la haine, pro-
duisit une impression soudaine et terrible. A Berlin nul ne douta que
l'ambassadeur de France n'eût insulté le roi, de même qu'à Paris nul ne
douterait le lendemain que le roi n'eût insulté l'ambassadeur de France.
D'une imposture à double effet jaillirait la double colère qui pousserait
l'un contre l'autre deux peuples également trompés. » C'est ce qui ne
manqua pas d'arriver. L'émotion violente à Berlin où, devant le palais
royal, la foule exaspérée criait : à Paris ! à Paris ! ne devait par tarder
à l'être un peu plus tard à Paris même où l'on crierait bientôt avec enthousiasme : à Berlin ! à Berlin !

Cependant le parti de la paix, en France, tentait les derniers efforts
pour conjurer le péril. L'Empereur lui-même semblait peu résolu. Des
démarches furent tentées par la diplomatie qui peut-être eussent abouti
si, d'une part elles ne se fussent heurtées, en Prusse, au parti à outrance

de la guerre dirigé, poussé, excité par M. de Bismarck, et si, d'autre part, il faut bien l'avouer, leur action n'eût été paralysée par les ardeurs de l'Impératrice s'appuyant sur les assurances aussi formelles que téméraires et mal fondées du maréchal Lebœuf.

Quand, le 15 juillet, le gouvernement, par l'organe de M. de Gramont au Luxembourg, de M. Emile Ollivier au Corps législatif, ayant lu la déclaration par laquelle il résumait ses négociations avec le gouvernement de Berlin et avec le roi lui-même, donna connaissance au Parlement de la dépêche publiée par la *Gazette de l'Allemagne du Nord,* journal officieux, tout le monde, ministres, sénateurs, députés, les hommes de gouvernement comme les membres de l'opposition, ceux-ci dans la stupeur, tout le monde tomba dans le piège tendu par le docteur en fourberie qui avait nom Bismarck. On n'imagina pas que cette dépêche ne fût pas un document officiel : elle n'avait pu partir que du cabinet du roi ou du ministre, et du moment qu'elle avait été communiquée officiellement à tous les gouvernements d'Europe, c'est évidemment que le roi avait voulu donner un caractère significatif au refus par le roi de recevoir notre ambassadeur.

La guerre paraissait inévitable à tous. Un homme eut la sagesse et le courage de mettre une digue à l'engouement funeste qui entraînait les esprits ; c'était M. Thiers. Il demandait qu'on ne se pressât point trop, qu'on allât au fond des choses, qu'on demandât communication des pièces officielles qui seules pouvaient faire foi. M. Buffet, Jules Favre s'associèrent à cette tentative. Les puissances, de leur côté, ne restèrent point inactives. L'Angleterre, la Russie, la Bavière essayèrent des combinaisons pour le maintien de la paix, lesquelles se perdaient dans le tumulte. Bismarck de son côté ne ménageait pas sa peine ; il trouva moyen, pendant cette même journée du 15 juillet, d'éconduire la diplomatie et de surexciter l'esprit public ; tant et si bien que les dernières tentatives, tentatives désespérées du reste, pour empêcher la guerre, demeurèrent vaines, et que le 19 juillet, M. de Bismarck recueillit de ses mains, comme dit M. de la Gorce, l'acte fatal qui notifiait l'état de guerre entre la France et la Prusse.

Ainsi finit la période de paix que put encore goûter la France au déclin de la fortune de Napoléon III. Ce règne malheureux ne devait plus durer que quelques semaines, mais semaines qui valent des années, tant par l'importance des douloureux événements qu'elles virent s'accomplir que par les conséquences incalculables qu'elles eurent pour l'avenir de notre pays.

II

LA GUERRE

(Du 19 Juillet au 6 Août).

Bien qu'on eût préféré l'éviter, la guerre avec la Prusse était cependant envisagée, depuis quelques années, comme une éventualité probable ou au moins possible. Divers plans et projets de répartition des armées avaient été successivement élaborés sans qu'on se fût arrêté à aucun, et tout était encore indécision et incertitude à cet égard lorsque, par la fourberie de Bismarck et de ses deux dignes acolytes, la guerre, devenue inévitable, dut être déclarée.

C'était là une première condition défavorable. Bien plus, une fois l'armée rassemblée à la frontière, de Sarreguemine à Bitche, au lieu de prendre rapidement une vigoureuse offensive qui eût pu avoir d'heureux résultats, on attendit, contrairement à toutes les traditions, à toutes les règles de l'art militaire en pareil cas. C'est que même à ce dernier moment, tout manquait de ce qui est indispensable : les effectifs, on s'en aperçut alors, étaient notoirement insuffisants. Le rappel des hommes disponibles ne pouvait s'opérer que lentement, faute de l'organisation régionale qui a prévalu depuis. On avait dû composer brigades et divisions en toute hâte ; le matériel et les approvisionnements se trouvaient insuffisants. Prendre l'offensive dans de telles conditions, c'eût été marcher à un échec, cependant l'ennemi se concentrait dans l'attente d'une offensive qui ne se manifestait pas.

L'Empereur, à Saint-Cloud, perdait peu à peu les illusions des premiers jours. Si son armée se trouvait dans une pénurie effrayante, l'armée ennemie était plus nombreuse, mieux outillée, parfaitement organisée, forte de 519.000 hommes de toutes armes, répartis en seize corps d'armée, alors que l'armée française n'en comprenait que huit ; les Etats de l'Allemagne du Sud se joignaient à ceux du Nord. Du côté diplomatique la situation ne se dessinait pas meilleure. L'Autriche sollicitée, temporisait. L'Italie mettait à son concours bien peu empressé, une condition que les ministres du 2 janvier, « capables de grandes fautes, non d'une vilenie » et que l'Empereur lui-même refusèrent d'accepter : il s'agissait, en dénonçant la convention du 15 septembre, d'achever la dépossession du Pape en abandonnant Rome à l'Italie. Mais, en maintenant en principe et en droit le pacte qui portait la signature des deux nations, la France n'avait plus les moyens de le faire

respecter : la nécessité lui impose le retrait de ses troupes de Rome.
« Déjà, dit M. de la Gorce, les plis de notre drapeau n'étaient plus assez
larges pour rien couvrir en dehors de la patrie. »

C'est dans ce concours de douloureuses circonstances que Napoléon se
décida à quitter Saint-Cloud pour aller prendre le commandement en
chef de son armée.

Passons rapidement sur les conseils tenus par l'Empereur avec ses
généraux à Metz, puis à Saint-Avold ; sur l'escarmouche de Sarrebrück,
le 2 août, combat de parade qu'il fallait ou ne pas entreprendre ou compléter, et que, faute de tirer les avantages que permettait un léger succès, constituait une démonstration inutile, bonne seulement à envoyer à
Paris un bulletin emphatique et à faire sourire De Moltke.

En toute hâte, était arrivé d'Algérie Mac-Mahon qui trouverait son
appui surtout dans sa vaillance, dit notre auteur ; « car tout lui manquait à la fois, et les forces qui résultent de l'organisation ou du nombre,
et celles que puise en lui même le génie. » Le sous-préfet de Wissembourg, ville assise sur la Sarre et toute voisine de la frontière, envoyait
dépêche sur dépêche pour signaler l'approche de l'armée ennemie. Ordre
fut donné au général Douay de se porter sur ce point. Il partit de Ha-
gueneau le 3 août à quatre heures du matin ; le trajet fut ralenti par
l'attente de munitions et de vivres qui n'arrivèrent pas. Enfin, à l'aube
du 4, le général put du haut du Geisberg, colline située à deux kilomètres
au sud de la ville, dominer la position. Devant lui et sur sa droite courait la
Lauter, petite rivière affluent du Rhin et qui, à deux kilomètres au sud-
est de Wissembourg, formait la frontière entre la France et le Palatinat.
Au nord et à l'est, de grandes masses boisées.

Tandis que le petit corps du général Abel Douay prenait ses positions,
l'armée allemande se disposait silencieusement, sous le couvert des bois,
aux abords de la frontière. Cependant un détachement cavalerie et
infanterie, envoyé par Douay pour explorer la rive gauche de la Lauter
était revenu sans avoir rencontré d'autres traces de l'ennemi que quelques
rares tirailleurs : il avait eu le tort de se borner à suivre une grand'route.
De là l'erreur par lui commise et transmise à nos troupes. Aussi quand, à
huit heures et demie, des obus commencèrent à tomber sur Wissembourg,
le général ne croyait pas encore à une attaque sérieuse ; il prit néan-
moins ses mesures pour le plan de bataille. Tandis que les turcos déval-
laient les pentes, deux compagnies du 74e de ligne se déployaient le
long de la rivière et le feu s'engageait d'une rive à l'autre, les turcos se
dissimulant derrière les arbres, les haies, les fossés, une troisième compagnie s'embusquant dans une vieille redoute. L'artillerie bavaroise

domine la nôtre. Mais les turcos et les trois compagnies de fantassins bravant la mitraille, font subir à l'ennemi des pertes sensibles, tandis que la troisième compagnie retranchée sur les remparts fait reculer devant une des portes de la ville les soldats du général Bothmer qui ne réussissent pas davantage devant une seconde porte. Aucun Bavarois n'est parvenu à dépasser la Lauter que les turcos sont près de franchir.

Mais tandis que Douay, avec seulement 5,000 fantassins, 900 cavaliers et 18 canons, n'avait à attendre aucun secours, d'épaisses colonnes prussiennes arrivaient en masses serrées à l'appui des Bavarois. Le petit corps français aurait affaire à des forces cinq fois supérieures. Sans entrer dans le détail de l'action durant laquelle le général Douay trouva la mort, disons seulement que la défense de nos soldats fut héroïque, ne reculant que pied à pied, utilisant pour la lutte tous les obstacles que l'état des lieux permettait d'opposer à l'ennemi. Six mille à peine contre trente mille, ils ne se rendirent, après sept heures de combat, que quand toute résistance fut devenue inutile, ayant perdu 1,200 hommes sans compter plus de 700 prisonniers, mais ayant infligé à l'ennemi, en tués ou blessés, une perte de plus de 1.500 des siens.

Dans cette première rencontre, comme, hélas ! dans les suivantes, « ce qui manquait de notre côté, dit M. de la Gorce, en prévoyance initiale et en science militaire, se compenserait, pendant tout le cours de la guerre, par l'héroïque intensité des efforts individuels. Jamais ces efforts n'apparaîtront plus sublimes qu'en cette journée du 4 août. »

Le Prince royale de Prusse, arrivé vers la fin de l'action sur le plateau où Douay avait trouvé la mort, rendit à plusieurs reprises hommage à la valeur des soldats français, et s'inclinant pieusement devant la dépouille mortelle du vaillant général, « honora en lui toute la division. »

Aussitôt informé de l'action engagée à Wissembourg, Mac-Mahon, ayant quitté Strasbourg, gagna Lembach pour rejoindre Ducrot ; tous deux gravissant le col du Pigeonnier, purent de là contempler tout le champ de bataille. A ce moment l'échec était consommé, et l'énorme supériorité numérique des troupes ennemies eût d'ailleurs rendu toute intervention inutile. Le maréchal se rendit alors avec deux de ses généraux à Reischoffen, d'où s'étendait à l'est la position de Frœschwiller, en vue de rallier ses troupes pour une bataille défensive dans cette position naguère très étudiée par le général Frossard et qui présentait quelques avantages stratégiques.

Toute la journée du 5 se passa en préparatifs pour être en mesure de recevoir l'ennemi quand il se présenterait. Mac-Mahon ne disposait que de 35.000 fantassins, 6.000 cavaliers et 130 bouches à feu ; et de l'observation faite la veille par lui et Ducrot du haut du col du Pigeonnier, il était résulté que le déploiement des armées allemandes représentaient au moins 80.000 hommes, et cette évaluation était au-dessous de la vérité ! Mais Mac-Mahon et ses hommes en étaient restés aux anciens errements d'après lesquels la valeur individuelle peut toujours avoir raison du nombre. On était donc plein de confiance, attribuant l'échec de Wissembourg à une malchance, à une cause accidentelle.

Le maréchal ne prévoyait pas l'attaque avant le surlendemain ; et, chose curieuse, l'intention du commandant ennemi, le Prince royal de Prusse, était en effet de n'entreprendre l'attaque que le 7. Sur l'avis de Ducrot qui « estimait que la position de Frœschwiller, excellente pour lutter contre 45.000 hommes, deviendrait dangereuse en présence de forces doubles », on se décidait à battre en retraite et à se replier sur les Vosges, quand tout à coup le canon, se mêlant à la fusillade des escarmouches, mit brusquement fin à la conférence.

C'était une reconnaissance offensive prescrite par le général Wœlther de Montbarey, commandant de l'avant-garde du 5e corps allemand, reconnaissance qui, dans la pensée de ce chef, n'était pas pour engager la bataille. Mais de part et d'autre on le comprit autrement et ce fut comme le signal de l'engagement général. Le 2e corps bavarois, qui avait reçu l'ordre d'attaquer notre aile gauche du côté de Wœrth et de Frœschwiller, ne douta pas que cette canonnade ne fût le signal convenu. D'autres généraux, malgré l'ordre de n'attaquer que le 7, comprirent que, l'action une fois engagée, il importait de la soutenir.

Sur notre droite formée de la division Lartigue, tandis que l'infanterie, sur le plateau d'Eberbach, à deux kilomètres au sud de Wœrth, prenait, perdait et reprenait sous le feu de l'artillerie, le poste d'ALBRECHTSHAU-SERHOF, nos cuirassiers des 8e et 9e régiments, secondés par deux escadrons du 6e lanciers, s'alignent dans la petite vallée ou ravin du même nom, se lancent en charge furieuse contre le bourg de Morsbronn qu'occupait et défendait l'ennemi, mais s'embarrassent dans des vignes, des houblonnières, des vergers couverts d'arbres à branches basses. « On avait omis de reconnaître le terrain, en sorte que tout manquait, hormis l'héroïsme. » Malgré ces conditions défavorables et sous la grêle des balles, la charge arrive à Mosbronn d'où l'ennemi, occupant toutes les maisons, tirait sur nous à bout portant tandis que les chevaux venaient se heurter à une barricade. L'effort de l'infanterie, à Eberbach et Niederwald, n'était ni moins héroïque ni moins malheureux devant l'écrasante supériorité numérique de l'ennemi.

En cette douloureuse conjoncture, il n'y avait, de notre côté, « aucune action d'ensemble, aucun ordre général, mais des groupes de soldats rassemblés autour de leurs officiers et ne se résignant pas à la défa te tant qu'il reste une cartouche à brûler ». Il fallait cependant mettre fin à ce sacrifice : Ordre est donné de sonner la retraite. Plusieurs, dans les fourrés de la forêt de Niederwald, ne l'entendirent pas et continuèrent à combattre jusqu'à ce qu'ils fussent tous tués ou faits prisonniers.

Pendant que ces funestes événements s'accomplissaient sur notre aile droite, la fortune ne secondait pas davantage l'héroïsme de nos soldats au centre. A plusieurs reprises cependant ils repoussèrent victorieusement les attaques de l'ennemi. Mais d'une part Failly, avec sa division qu'avait appelé Mac Mahon, n'arrivait pas, tandis que de l'autre de nouveaux renforts venaient sans cesse grossir les rangs des Allemands. Dans cette néfaste journée, le maréchal, avec sa petite armée de quarante à quarante-deux mille hommes, eut à lutter contre plus de cent mille hommes admirablement organisés et commandés.

Cependant ce ne fut pas sans de grosses pertes et sans une résistance opiniâtre que nos ennemis furent vainqueurs, au centre, de Mac-Mahon comme, à notre aile droite, de la division Lartigue. Une charge Je cuirassiers contre l'ennemi devenu maître du plateau d'Elsasshausen, entre Wœrth et Frœschwiller, et du Petit Bois qui le séparait du Niederwald, montra plus de courage de la part des hommes que d'efficacité. L'artillerie, trop rapprochée de l'infanterie ennemie, n'eut pas plus de succès. A bout de ressources, le maréchal eut recours au 1er tirailleurs, rudement éprouvé l'avant-veille à Wissembourg et, pour ce motif, tenu en réserve. En ce péril extrême, il reçut l'ordre de se porter en avant et de contenir l'ennemi. « On vit alors combien, à défaut de science militaire, il y avait de ressort vivace et de ressources en ces armées du second Empire... Les tirailleurs se rassemblent derrière les crêtes. « A la baïonnette ! » s'écrie le colonel. A ce commandement les turcos s'élancent ; ils bondissent plutôt qu'ils ne marchent et, sans souci des obstacles, fondent sur l'ennemi. Sous cette furie les Prussiens s'intimident et subissent, quoique victorieux, une de ces paniques qui ne gagnent d'ordinaire que les vaincus. Ils cèdent le terrain et s'enfuient à toutes jambes. Leurs adversaires, se précipitant à leur suite, rentrent dans Elsasshausen, occupent le Petit Bois, reprennent chemin faisant quelques pièces d'artillerie, reconquièrent même en partie le Niederwald. »

Ce ne fut là qu'une courte flamme, si vive, sans doute, « qu'elle illumina toute la défaite ». Mais les Prussiens, sous l'excitation de leurs officiers, ne tardèrent pas à se remettre de leur épouvante ; partie de toutes les directions, une fusillade violente décima l'héroïque petite troupe. Les turcos, diminués de six à huit cents hommes, se réfugient dans le Gross-Wald, près de Reischoffen, ayant du moins retardé la défaite et permis « qu'on sauvât ce qui était encore sauvable. »

Bientôt la prise du village de Frœschwiller par les Prussiens, malgré une résistance acharnée, mais impuissante contre le nombre, fournissait le dénouement de cette journée du 6 août douloureusement mémorable. « Frœschwiller fut vraiment le tombeau de cette armée du second Empire, vaillante et débrouillarde, présomptueuse et brillante, dédaigneuse de l'étude autant qu'amoureuse du péril... et qui, n'ayant guère connu que la bonne fortune, n'imaginait pas que la victoire pût lui être infidèle. »

Il fallut battre en retraite. Vingt-huit canons, cinq mitrailleuses, un grand nombre de voitures, d'armes et de chevaux étaient tombés aux mains de l'ennemi. A l'appel, on compte en tués, blessés ou disparus, *vingt mille hommes.* Plusieurs régiments n'existaient plus ; des autres, il ne restait que des débris.

Le lendemain, 7 août, les restes de l'armée se rallièrent à Salerne, à une trentaine de kilomètres au sud-ouest de Reischoffen.

Telle fut la bataille de Frœschwiller (1).

Mais là ne se borne point, hélas ! le désastre de cette journée funeste. Si c'était, sur la rive droite de la Sauer, la destruction de notre armée d'Alsace, sur la rive gauche de la Sarre, se consommait, à Forbach, la défaite de notre armée de Lorraine.

L'escarmouche du 2 août à Sarrebrück n'avait servi de rien. On avait perdu les deux journées suivantes à se consumer en conjectures sur les projets de l'ennemi, quand arriva, le 4 au soir, la nouvelle du combat de Wissembourg. Trois armées, d'ailleurs, s'avançaient : Celles du Prince Royal, du général Steinmetz et du prince Frédéric-Charles. Dans la soirée du 5, le général Frossard, commandant le 2e corps, qui était le plus exposé, répartit ses divisions, en conformité de la disposition des lieux (2), sur des hauteurs situées au sud de Sarrebrück, entre la Sarre et la ligne de chemin de fer passant par Stiring et Forbach, où avait été installé le quartier général avec la cavalerie et la réserve d'artillerie.

Le tout formait un effectif de 28,000 hommes seulement. C'était peu. Mais le 3e corps, commandé par Bazaine, était établi en seconde ligne et viendrait sûrement, en cas de danger, au secours du 2e. Cependant la

(1) Pour les Prussiens, bataille de Wœrth, du nom du village où avaient commencé leurs opérations. — La perte des Allemands en cette bataille avait été de 10,642 hommes, tant officiers que soldats.

(2) Qu'il connaissait pour les avoir explorés à fond deux ans auparavant.

cavalerie prussienne avançait et se montrait dès le 6 au matin sur les hauteurs voisines de Sarrebruck, et les coups de fusil ne tardèrent pas à être échangés. Bientôt l'avant-garde de la 14e division prussienne arriva sur cette ville et les colonnes d'infanterie se portant en avant engagèrent la bataille. L'action fut vive de part et d'autre ; il y eut même un moment où, moyennant une décision rapide, Froissart eût pu profiter d'une imprudence de l'ennemi qui avait amené des forces insuffisantes, et l'écraser avant qu'il n'eût été renforcé. Mais ce général, « ingénieur très savant plutôt que manieur de troupes, » ne sut pas profiter du faible espace de temps où il se trouvait avoir sur l'adversaire une passagère supériorité de nombre. Il hésita, tergiversa, demanda à Bazaine de l'appuyer plutôt que de le secourir ; pendant ce temps arrivait l'arrière-garde prussienne ; elle rétablit aussitôt l'écrasante supériorité numérique qui avait, pendant un instant, manqué à nos ennemis.

Des renforts arrivaient, non du côté de Forbach, hélas ! mais du côté de la Sarre que de nouvelles troupes prussiennes traversaient sur les ponts laissés intacts par une négligence, de notre part, contraire à la prudence la plus élémentaire. Derrière ces nouvelles troupes, des troupes fraîches suivaient pour les relever un peu plus tard. Et c'est contre ces forces incessamment renouvelées que notre petite armée avait à lutter. Sans cesse repoussé, sans cesse renforcé, l'ennemi revenait à la charge, et le combat, vers trois heures, tournait contre nous, lorsque le général Bataille, arrivé d'Œtingen au sud de Forbach, vint, avec des effectifs malheureusement insuffisants, au secours des nôtres, et put, durant assez longtemps, ramener la fortune de notre côté. Mais les ressources inépuisables de l'armée allemande en hommes, matériel, armes et munitions, lui permirent d'avoir raison à la longue de notre armée harassée, épuisée et mal secourue. Du côté du sommet du Rother berg où s'étaient solidement établis les Allemands, comme du côté de Stiring, nos troupes succombèrent sous le nombre et la supériorité de direction (1).

C'est dans l'ouvrage de M. de la Gorce et sur les cartes très détaillées qui lui sont annexées qu'il faut suivre pas à pas la marche des événements dans cette journée terrible, aussi bien sur les vallonnements et

____

(1) De notre côté, les divisions Metman, Castagny, Montaudon, ne purent se porter à propos ou en temps utile au secours des combattants et furent ainsi réduites à l'impuissance, faute d'ordres reçus assez tôt et d'une exécution suffisamment rapide. Une idée directrice, un plan suivi manquaient au malheureux empereur qui avait assumé le commandement en chef de l'armée, et son lieutenant Bazaine ne paraît pas avoir été mieux partagé.

dans les collines boisées de la vallée de la Sauer, à Wœrth ou Freschwiller, que sur les terrains montueux et découpés qui séparent la Sarre du village de Forbach.

Les débris de notre armée, en masse confuse d'hommes, de chevaux et de voitures, refluèrent vers Puttelange, localité située à une douzaine de kilomètres au sud de Forbach.

Nous rétrogradions vers Metz.

Il nous reste à retracer rapidement la suite de ces événements de plus en plus douloureux jusqu'à la date du 4 septembre où, à l'amertume de la défaite, s'ajouta la honte d'une révolution.

Ce sera l'objet d'un prochain article.

Arras. — Imp. Sueur-Charruey, rue des Balances, 10

LA FIN

DU

SECOND EMPIRE

PAR

M. C. DE KIRWAN

(Extrait de la SCIENCE CATHOLIQUE Juin 1905)

SUEUR-CHARRUEY

IMPRIMEUR — LIBRAIRE — ÉDITEUR

ARRAS   PARIS

10. Rue des Balances   Rue de Vaugirard 41.

III

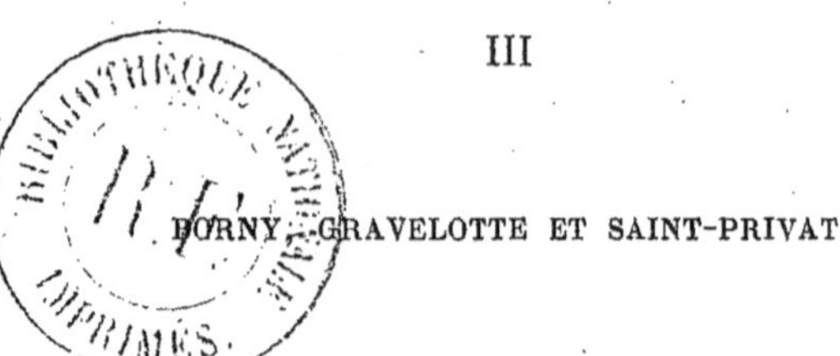

BORNY, GRAVELOTTE ET SAINT-PRIVAT

Nous avons laissé le 7 août l'armée en pleine retraite après la double défaite de Frœschviller et de Forbach. Lorsque la terrible nouvelle en arriva à Paris, un premier effet de stupeur et d'abattement fit bientôt place, chez le plus grand nombre, à un sentiment d'irritation violente contre les fauteurs de la guerre ; un commencement de désaffection inavouée se dessina chez ceux qui « depuis dix-huit ans étayaient le trône, non par cette fidélité héréditaire qui est le précieux privilège des monarchies traditionnelles, mais par sollicitude pour le repos public. » Le 9 eut lieu la réunion des Chambres ; le ministère Ollivier dut payer de sa chute, dès le lendemain, les fautes de la direction des opérations de guerre et les revers de nos armées, et le général de Palikao assuma le 10 août le double fardeau du ministère de la Guerre et de la présidence du Conseil, avec MM. Magne aux Finances, Henri Chevreau à l'intérieur, Jérôme David aux Travaux publics, Clément Duvernois au Commerce. Sauf l'amiral Rigault de Genouilly laissé à la Marine, aucun des nouveaux ministres n'appartenait au parlement. C'était comme un retour aux premières traditions de l'Empire.

Cependant, sous le coup de ces revers répétés, on était à Metz, au quartier général, dans une grande anxiété : des mesures qui seraient prises résulterait ou le relèvement ou la ruine irréparable. L'hésitation était extrême. Dans cette seule journée du 7, il fut pris quatre résolutions différentes, dont la troisième, consistant à rétrograder jusqu'à Châlons, n'alla pas sans protestations tant à Paris qu'à Metz même. L'Empereur hésita et, sans abandonner ce projet, revint pour le moment à l'idée première : se replier vers Metz.

Tandis que l'armée allemande, profitant de ses victoires, franchissait la Sarre et envahissait la Lorraine, la nôtre abandonnant la ligne du bras occidental de la Nied (Nied française), opérait un repliement général vers Metz.

On aurait voulu que l'Empereur affaibli par l'âge et plus encore par la maladie et qui gênait plus qu'il ne dirigeait les opérations, retournât à Paris. Il ne crut pas pouvoir se séparer de ses soldats. L'animosité la

plus vive se manifestait à Paris contre le maréchal Lebœuf dont l'imprévoyance et l'impéritie étaient en partie cause de nos malheurs. Il dut résigner ses fonctions de major-général. L'empereur lui-même se démit du
commandement suprême qu'il conféra — pour son malheur et plus encore
pour le nôtre — à Bazaine, homme d'une bravoure éprouvée, mais de
génie médiocre, de caractère louche, d'esprit hésitant, en un mot très inférieur à la tâche écrasante qu'il assumait. Mais l'opinion française, à
Paris du moins, le considérait comme le grand homme de guerre qui
devait nous sauver !

C'est le 11 août que ces choses se passaient .

Entre temps les Allemands poussaient reconnaissance sur reconnaissance, cherchant à surveiller les mouvements de l'armée française et à
pénétrer ses desseins. Dès le 12, se manifeste de part et d'autre un double effort, l'ennemi cherchant à atteindre et franchir la Moselle pour se
porter sur nos derrières et d'autre part nos troupes s'efforçant de se dérober à l'étreinte pour organiser, même beaucoup plus en arrière, la défense
de la patrie. Il s'agissait de reprendre la marche adoptée le 7 et à laquelle
l'Empereur avait cru devoir surseoir devant l'opposition d'ailleurs mal
éclairée qu'elle rencontrait. Déjà se manifesta, en cette grave conjoncture, l'infériorité de Bazaine. « Non, dit M. de la Gorce, qu'il convienne
de lui imputer toutes les fautes. Après coup, toutes les responsabilités
partielles sont masquées derrière la sienne. La véritable équité répudie
ces jugements en bloc. Toute passion mise à part, on peut affirmer que
jamais tâche plus lourde ne reposa sur un plus médiocre génie. La grandeur des intérêts à conduire exigeait un esprit généralisateur, apte à
voir les choses par masses : privé de ces divinations supérieures, Bazaine
porterait un peu à l'aventure ou dissiperait dans les détails une pensée
impuissante à s'élever... N'ayant point de superflu dans les lumières, il
n'en avait point non plus dans la conscience. Inhabile à imaginer ou à
poursuivre les solutions maîtresses, il se réfugierait dans les expédients
et se rabaisserait à pourvoir à lui-même, n'étant pas de taille à pourvoir
à sa patrie... Irrésolu à la manière des médiocres, cauteleux à la façon
des égoïstes, affable quoique d'une bonhomie un peu trompeuse, il aurait
des velléités successives au lieu de desseins fermes, deviendrait subtil à force d'être embarrassé... Puis lassé de raffinements trop compliqués pour son intelligence, tout embrouillé lui-même dans le fil de ses
pensées, il se reposerait d'avoir été calculateur en devenant fataliste et
se replierait en une indifférence apathique, incroyable en de si grands
dangers. Ainsi demeurerait-il accroché à Metz, hésitant moitié par timidité, moitié par finasserie, se renfermant peu à peu dans une solitude

inaccessible, se disqualifiant par degrés aux yeux de l'armée, attendant vaguement du hasard une solution, ayant de demi-plans, de demi-intrigues, et laissant passer un à un les jours de salut (1). »

Cependant, les dispositions furent prises tant bien que mal pour, après avoir opéré la rupture des ponts en amont de Metz, faire franchir à notre armée en retraite la Seille et la Moselle. Le 14, l'Empereur préparait tristement son départ et, malgré un peu d'encombrement au début, l'armée tout entière commençait son mouvement de retraite, lorsque vers quatre heures de l'après-midi, le canon se fit entendre à l'Est : la bataille de Borny commençait par l'effet d'une initiative plus hardie que prudente du général ennemi De Goltz.

Cette bataille, qui ne se termina que peu à peu dans la nuit et où, des deux côtés, fut déployée une très grande bravoure, coûta aux Allemands près de 5,000 hommes tués ou blessés et 3,600 de notre côté ; elle ne paraît pas avoir eu grande signification dans la suite des événements. Chacun des deux partis s'en attribua le succès : les Français pour avoir maintenu leurs positions que n'avait pu entamer l'adversaire, celui-ci sans doute pour s'être rapproché de nos lignes.

Le lendemain, Bazaine donna l'ordre de reprendre la marche en retraite interrompue la veille par le mouvement offensif de l'ennemi. Ce ne fut pas sans confusion et sans désordre que ce commandement fut exécuté ; c'était l'image de ce qui se passait du côté de l'autorité directrice : « Quand l'armée se tournait vers ses conducteurs, elle rencontrait au-dessus d'elle deux hommes : l'Empereur qui, ayant abdiqué tout pouvoir, hésitait à partir ; le maréchal Bazaine qui, ayant concentré en lui toute autorité, hésitait à l'exercer résolument (2). »

Enfin, le 16 au matin, l'Empereur effectua son départ, non, assure-t-on, sans que Bazaine, ce départ accompli, ne témoignât d'une manière par trop visible sa satisfaction d'être affranchi de tout contrôle. Puis, sur des renseignements favorables émanés de diverses sources, et sans tenir compte par malheur de l'avis d'un officier d'infanterie qui, à la suite d'une reconnaissance, avait constaté la présence, non loin (à Trouville, au S.-O. de Vionville), d'un fort détachement prussien, ordre fut donné de suspendre la marche qui ne serait reprise que dans l'après-midi.

Sécurité perfide. Tandis que les tentes dressées, les voitures dételées, les chevaux dessellés, les hommes étaient tranquillement occupés à préparer leur repas ou à nettoyer leurs effets, voilà que quelques cava-

(1) *Loc. cit.* p. 34-35.
(2) *Loc. cit.*, p. 56.

liers donnent l'alarme et qu'éclatent les obus sur Vionville, village situé à quatre kilomètres au sud de Mars-la-Tour. Il était 9 h. 1/4.

Vionville était encombré de voitures de vivres et de bagages conduites par des charretiers civils qui s'affolèrent, se jetèrent à travers les campements et les bivouacs, y portant le désordre. Un commencement de panique se produit, mais il dure peu, nos troupes se ressaisissent, le 2e corps prend les armes et repousse vigoureusement l'assaillant. Le général allemand Alvensleben, à la tête d'une partie du IIIe corps, tente sans grand succès de forcer nos lignes. Avec une vigoureuse offensive, notre 2e corps aurait pu, en ce moment, se trouvant en forces supérieures à celles de l'ennemi, le contraindre à reculer. Aucun ordre ne fut donné en ce sens. Bientôt les forces d'Alvensleben s'accroissent, son corps d'armée se complète, s'augmente même d'une partie du Xe. Vionville, Flavigny, la ferme de la Maison-Blanche, autour de Rezonville, nous échappent successivement ; Rezonville lui-même était sérieusement menacé. Aux cris de : *Vive l'Empereur*, une vigoureuse charge de cavalerie bouscule l'artillerie allemande et vient s'écraser devant les baïonnettes et les balles des fantassins prussiens formés en carré. Dans l'extrême confusion qui s'ensuivit autour du village, les hussards, s'étant précipités sur les canonniers français, entourèrent, sans le connaître, Bazaine, qui galoppa côte à côte avec un officier ennemi. Les cavaliers de son escorte survinrent qui le dégagèrent ; et, « la fortune secondant jusqu'au bout les Prussiens, Bazaine fut gardé à l'armée et à la France ».

Cependant, rien n'eût été perdu sous le commandement d'un chef avisé et à la hauteur de sa mission. Les forces françaises se reconstituaient, Canrobert arrivait à la tête du 6e corps et Alvensleben eut lieu d'être fort inquiet ; il éprouva même le long de la voie romaine un sérieux échec. Si Bazaine, observe notre auteur, « se décidant enfin à embrasser l'ensemble de la bataille, réunissait ses forces et fondait sur l'ennemi épuisé », le péril d'Alvensleben eût été sans doute inévitable. Au lieu de cela, « il laissa couler les heures » et persista dans une défensive funeste, portant toute son attention sur sa gauche, par suite d'une fausse appréciation de la tactique de l'ennemi (1) ».

D'autre part le 4e corps, gééral de Ladmirault, secouru bien que tardivement par la division Cissey, infligeait, dans le vallon appelé *fond de la cuve* (à l'ouest de la *voie romaine)* une sanglante défaite au Xe

____

(1) En manœuvrant le 16, nous disait un jour, à cette occasion, un officier supérieur qui, tout jeune alors, avait pris part à l'action, « en manœuvrant le 16, Bazaine aurait sans doute rejeté les Prussiens dans la Moselle et tout aurait été changé ».

corps allemand ; mais sans direction, sans ordre, sans secours, privé
d'une de ses divisions, Ladmirault ne put profiter de ce succès et dut
ramener des troupes vers la ferme d'Urcourt, au nord de Saint-Marcel.

Ailleurs, c'est-à-dire au centre et à l'aile gauche, autour de Rezonville, principalement vers la ferme appelée la *Maison Blanche*, on se
battait avec une opiniâtreté sans égale et avec de grandes pertes, plus
grandes encore chez l'ennemi que chez nous. Quand, vers 4 h. 1/2, arriva
le prince Frédéric-Charles, aussi dominé par une énergie farouche que
Bazaine l'était par une passivité temporisatrice, il voulut tenter un dernier effort pouvant donner à son armée l'illusion du succès. Si cet effort
échoua, quand la bataille cessa au sein de l'obscurité et par la fatigue,
l'épuisement général, du moins laissait-il « l'idée d'une force indompta-
ble qui tôt ou tard prévaudrait». Cet effet moral suffisait pour le moment
à Frédéric-Charles.

Telle fut la *bataille de Rezonville*, appelée aussi *bataille de Gravelotte*,
du lieu « où s'entassèrent nos réserves, mais où on ne combattit pas »
et quelquefois *bataille de Mars la-Tour*. Bataille gigantesque, où une
grande victoire nous échappa par l'impéritie et l'insuffisance du Commandant en chef; de grandes masses de nos troupes ne furent pas utilisées,
d'autres arrivèrent tardivement, et ce qui eût pu être un succès décisif
ne fut qu'une journée indécise dont l'effet moral profita à nos ennemis.
Le soir même, Bazaine, par une circulaire aux commandants de corps,
donnait l'ordre de rétrograder, et adressait à l'Empereur un rapport sur
cette journée.

Celle du lendemain 17 fut employée aux mouvements de rétrogradation
commandés et aux dispositions à prendre en vue de la prochaine attaque
de l'ennemi. Nos lignes s'étendaient depuis Rozérieulles au voisinage des
faubourgs à l'ouest de Metz jusque par delà le village de Saint-Privat,
bien plus au nord. Le 18, un peu avant midi, comme nos troupes au repos
achevaient leur repas « au milieu d'une sécurité qui étonne », quelques
patrouilles de cavaliers refluèrent au galop dans les lignes du 4e corps
commandé par Ladmirault, annonçant l'arrivée de l'ennemi à Verneville
devant notre centre. En même temps le canon se faisait entendre. La
bataille s'engageait par l'initiative du général Manstein, chef du
IXe corps allemand.

C'était de sa part, une attaque prématurée qui, malgré un désarroi
momentané dans le corps de Ladmirault, coûta cher à nos ennemis. Cette
fois encore, comme déjà l'avant-veille et à plusieurs reprises on eût pu
profiter de l'imprudence de l'adversaire qui, ayant attaqué avec des
forces inférieures, pouvait être écrasé si, de notre côté, des ordres du

commandement supérieur, ou, à leur défaut, une initiative hardie eussent donné une suite immédiate à un premier succès. Il n'en fut rien, et bientôt l'ennemi, recevant d'importants renforts, put reprendre l'offensive et voir, vers 5 heures, la chance tourner en sa faveur.

Sur notre gauche le général Steinmetz à la tête de la 1re armée allemande tente l'attaque des corps de Lebœuf et de Frossard; il échoue une première fois, reprend ensuite quelqu'avantage et finalement est repoussé.

Mais dans les combinaisons de M. de Moltke, c'était par la défaite de notre droite que devait se décider la victoire des armes prussiennes. Aussi le principal effort de l'ennemi se porta-t-il vers le nord. De notre côté, faute de direction générale, faute d'ordres supérieurs, les corps de troupes disséminés combattaient vaillamment mais sans concert, sans se secourir les uns les autres. Le petit village de Sainte-Marie-aux-Chênes, malgré une vigoureuse défense, fut pris par les efforts combinés de la Garde royale prussienne et des Saxons (XIIe corps). Il n'était qu'à 2 ou 3 kilomètres en avant de Saint-Privat où se tenaient Canrobert avec des forces insuffisantes, 28.000 hommes seulement, une artillerie déjà bien diminuée et des munitions fortement entamées. Un secours pouvait seul, arrivant en temps utile, égaliser les chances. Ce secours fut demandé à Bazaine qui, avec la Garde impériale, n'avait pas quitté Plappeville au nord ouest de Metz, et du haut du fort Saint-Quentin, sur une hauteur voisine, s'obstinait à observer sa gauche, tandis que c'était sur sa droite que se jouait le sort de son armée. Bazaine annonça d'une manière hésitante l'envoi de troupes dont, sur un faux rapport qui lui parvint à ce moment, il révoqua presqu'aussitôt l'ordre de départ. Canrobert à la tête de son corps affaibli eut à supporter seul l'effort des Saxons et de la Garde royale: général, officiers et soldats soutinrent le choc de forces incomparablement supérieures avec un héroïsme que l'ennemi s'est plu à reconnaître. Mais que peut la bravoure, même secondée par la sagesse du commandement, contre le nombre non moins bien commandé ! Saint Privat fut pris et cette victoire de l'ennemi décida du sort de la journée.

Par ces trois batailles : Borny, le 14 août. Rezonville, (ou Gravelotte) le 16, Saint-Privat, le 18, se clôt une première phase de la terrible guerre de 1870, dont le début avait été marqué par les défaites de Wissembourg, de Frœschviller et de Forbach, et où l'enjeu était, hélas ! la France elle-même.

Si, par les fautes et les erreurs du commandement suprême, la fortune nous fut rebelle, du moins les succès de l'ennemi furent-ils chèrement payés. A la funeste bataille de Saint-Privat nos pertes furent sans doute cruelles, s'étant élevées en tués, blessés et disparus, à 12,000 hommes ; mais celles des Allemands furent de 5,000 tués et de plus de 14,000 blessés.

IV

LE CAMP DE CHALONS. — MARCHE VERS LE NORD. — BEAUMONT.

Il nous faut maintenant revenir sur nos pas et quitter l'armée vaincue de Bazaine pour retrouver les débris de celle de Mac-Mahon (1er corps), que nous avons laissés, le 7 août, au lendemain de Frœschwiller, se ralliant à Saverne (1). Ce ne fut pas sans une grande confusion, ainsi qu'il arrive d'ordinaire à la suite des défaites, que ces troupes exténuées, attristées, découragées, parvinrent à se reformer. On prit un peu de repos, repos précaire et accablé. on se ravitailla comme on put, et l'on se remit en marche pour Sarrebourg, afin de mettre les Vosges entre le vainqueur et des troupes décimées qu'il fallait avant tout réorganiser et renforcer.

Dans cette ville, le 8 août, Mac-Mahon vit arriver à lui avec le 5e corps, le général de Failly qui, laissé sans ordres à Bitche, n'avait pas combattu, et se voyant menacé d'être cerné crut devoir, sur le conseil de ses généraux, rejoindre le 1er corps. Nous n'insisterons pas sur les mécomptes, les contre-temps, les concours de circonstances défavorables et parfois écrasantes qu'eurent à subir les malheureuses troupes de ces deux corps d'armée pour arriver à Sarrebourg. Malgré tout, l'on put, dans l'après-midi, opérer une reconstitution du 1er corps que rejoignirent un assez grand nombre de disparus, égarés après la bataille. Il s'y trouvait aussi une division du 7e corps qui avait combattu à Frœschwiller ; et le 5e corps qui était intact sauf une division, laissée à Sarreguemines, et qui s'était reportée sur Metz. On était ainsi moins vulnérable, et nonobstant des ordres contradictoires venus de Metz, conformément d'ailleurs aux instructions de l'Empereur, on se dirigea vers Châlons, où l'on arriva, tristes épaves, le 15 août.

Dans la vaste plaine de toutes parts ouverte où était établi le camp, ce fut un spectacle lamentable : soldats de toutes armes, débandés, plusieurs ayant perdu tout ou partie de leur armement, voire de leur équipement ; tous plus ou moins démoralisés; les cadres dégarnis par la mort ou la captivité ; brochant sur le tout, des bataillons de mobiles de la

(1) Voir l'article précédent, livraison d'avril, ou p. 25 du tiré à part.

Seine, arrivés précédemment et animés d'un assez mauvais esprit, n'étaient pas pour remonter le moral des vaincus. Le général Trochu, ayant été nommé commandant du 12e corps dont la formation était décidée, fut précédé à Mourmelon par son chef d'état-major, le général Schmitz ; celui-ci fut atterré du désordre indescriptible qui s'étalait à sa vue. Si l'ennemi, par une de ces pointes audacieuses dont il se montrait coutumier, y envoyait quelques détachements en éclaireurs, tout serait culbuté, aucun retranchement ne protégeant d'ailleurs les abords du camp.

Comme Schmitz télégraphiait ces pénibles vérités au ministre de la Guerre à Paris, Trochu arrivait et pouvait constater de ses propres yeux la lugubre situation, tandis que, complication nouvelle, l'Empereur lui-même, accompagné du Prince impérial et du prince Napoléon, arrivait le 16 au soir de Gravelotte qu'il avait quitté le matin avec sa suite... dans des wagons de 3e classe, les transports ayant absorbé tout le matériel des voies ferrées.

Un conseil fut tenu sous la présidence de l'Empereur, où figuraient entre autres le prince Napoléon, Mac-Mahon, Trochu, Schmitz, et où il fut décidé, sous la pressante insistance du prince Napoléon, mais non sans de grandes hésitations de la part de l'Empereur, que le général Trochu serait gouverneur de Paris où il ramènerait les mobiles de la Seine, que Mac-Mahon serait commandant en chef de toutes les forces réunies à Châlons, et que, sous la garde de Trochu l'Empereur rentrerait à Paris. Séance tenante les décrets furent signés pour Mac-Mahon et Trochu et l'ordre donné pour le retour des mobiles de la Seine.

Quand ces mesures furent connues au siège du gouvernement de la régence, à Paris, elles n'y furent accueillies qu'avec un extrême déplaisir, l'Impératrice y voyant la fin de ses pouvoirs et craignant (ou paraissant craindre) pour la vie de l'Empereur s'il tentait de revenir à Paris, le ministre de la Guerre, général Palikao, redoutant en Trochu un rival. De plus l'Impératrice avec le parti autoritaire redoutait dans le général Trochu un ami des monarchistes et des hommes de liberté ; mère plus qu'épouse, elle préférait pourvoir à l'avenir de son fils plutôt qu'au salut du souverain régnant. Aussi l'entrevue avec Trochu fut-elle, de sa part, plus aigre que bienveillante ; sans l'intervention aussi opportune que dévouée de l'amiral Jurien de la Gravière, peut être eût elle mal tourné. L'entretien avec Palikao fut difficile, orageux même avant d'aboutir à une entente. Finalement le programme de Châlons fut accepté sauf le retour de l'Empereur à Paris auquel l'Impératrice se fit forte de l'amener à renoncer. Le lendemain, 18 août, devant la Chambre, le ministre de la Guerre, non seulement afficha le plus parfait accord avec le gouverneur de Paris, mais se vanta sans sourciller de l'avoir lui-même appelé, du camp de Châlons où il pouvait être remplacé par un autre général, à ce poste où il fallait un homme énergique et capable d'assurer l'armement et la défense de Paris.

Cependant, au camp de Châlons, l'Empereur, dont le retour avait été convenu et qui avait annoncé son départ, ne partait pas, tout en se refusant à donner des instructions à Mac-Mahon ; et Mac-Mahon, plus soucieux d'obéir que de commander, en sollicita de Bazaine qui n'en envoya pas. Dans sa cruelle anxiété, hésitant entre regagner Paris ou rallier Bazaine, il prit une voie intermédiaire et se dirigea sur Reims. Là on apprit par un émissaire — car les communications télégraphiques étaient coupées — l'issue fatale de la journée de Saint-Privat avec un rapport de Bazaine dans lequel il manifestait la pensée de se diriger sur Sedan ou Mézières. Par d'autres personnes de confiance, le maréchal, peu après, adressait trois dépêches : à l'Empereur, au ministre de la Guerre et à Mac-Mahon, beaucoup plus inquiétantes encore et desquelles il résultait qu'aucune offensive utile n'était plus possible autour de Metz. Parvenues à travers les lignes prussiennes jusqu'à Thionville, puis jusqu'à Longwy le 22, elles furent de là expédiées par télégraphe à Mac-Mahon. Par un mystère inexpliqué et par une fatalité plus désolante encore, elles ne lui parvinrent point. Elles l'eussent assurément décidé à retourner sur Paris qu'il importait de garder et de défendre ; mais sous l'impression du seul rapport reçu, le chevaleresque maréchal crut devoir se diriger sur Sedan, pensant y rejoindre Bazaine qu'il ne voulait pas abandonner dans sa détresse, et croyant unir ses forces aux siennes.

On partit de Reims le 23 août. Mac-Mahon se trouvait à la tête de 120,000 hommes, mais un grand nombre, réservistes appelés à combler les vides énormes causés par le feu de Frœschwiller, n'apportaient ni le courage, ni l'esprit de discipline, ni l'endurance des débris survivant aux glorieux manquants. Cette armée n'avait plus d'homogénéité, et la confiance des premiers jours était singulièrement diminuée. Dans la circonstance, où il eût fallu pour vaincre avec de pareils éléments un Napoléon Iᵉʳ ou un Turenne, « le conducteur serait le loyal, l'intrépide Mac-Mahon ». On marcha par étapes, du 24 au 26, en suivant les différentes routes du nord-est et de l'est. Mais, dès le 26, après avoir traversé l'Aisne, une reconnaissance de cavalerie, ayant remonté le cours de cette rivière, rencontra à quelques kilomètres de Grand-Pré (1) les éclaireurs ennemis.

(1) Grand-Pré à 15 ou 18 kilomètres au sud-est de Vouziers.

C'est que les troupes allemandes faisaient diligence. En raison du mouvement de Mac Mahon, Moltke, changea instantanément ses dispositions
antérieures et dirigea ses principales forces vers l'Argonne ; si bien que
le 27 un petit engagement eut lieu entre la cavalerie saxonne et celle du
général de Failly à Buzancy.

Les armées allemandes, auxquelles Mac-Mahon allait avoir affaire,
comprenaient 225,000 combattants avec une artillerie presque double de
la sienne, une cavalerie non moins supérieure par le nombre et par l'ins-
truction, et toutes ces troupes réconfortées et enorgueillies par la victoire, alors que les nôtres étaient pour la plupart découragées ou novices.
Mais surtout la grande infériorité, chez nous, était en haut : « Les Allemands avaient le Roi et M. de Moltke ; les Français, Napoléon III et
Mac-Mahon. »

Quand celui-ci apprit qu'il aurait à lutter non seulement contre l'armée de la Meuse mais aussi contre celle du Prince royal, et connut que
Bazaine, qu'il croyait rejoindre, n'avait pas quitté Metz, son angoisse fut
extrême ; il appréhendait d'être à la fois coupé du côté de Metz et du côté
de Paris. Avec l'assentiment de l'Empereur qui ne voulait pas « sacrifier
la dernière armée de la France » Mac-Mahon interrompit le mouvement
offensif pour faire retraite sur le nord-ouest. Les ordres furent donnés
en conséquence dans la nuit du 27 au 28, à 8 heures, après qu'un long
télégramme explicatif eût été expédié à Palikao. En se portant sur Mézières on atteindrait le réseau des voies ferrées qui permettrait de diriger
l'armée soit sur Paris, soit sur le nord. C'était la suprême chance de salut.

Malheureusement on avait à Paris d'autres visées. Contrairement à
l'avis de Trochu qui opinait pour le retour, mais qui était l'objet de mille
méfiances plus ou moins mal justifiées, l'opinion ne voyait : l'opposition
que Bazaine, les bonapartistes que Palikao ; elle demandait ce que voulait
Palikao, à savoir que, à tout prix, l'on secourût Bazaine. Quand le ministre de la guerre reçut la dépêche de Mac-Mahon, il en fut violemment
affecté, et, paraît-il, de lui-même, sans délibérer, sans prendre conseil,
adressa à l'Empereur par le fil télégraphique un long message où il
l'adjurait avec une violence que tempérait à peine le respect dû au souverain, s'aidant au besoin de sophismes ou colorant « sous l'invocation
de vœu public son dessein personnel », de renoncer à la retraite et d'aller dégager Bazaine.

Trop droit pour supposer chez autrui d'autres mobiles que l'absolu
dévouement à la patrie, Mac-Mahon ne douta pas « que ce ministre si
ardent n'eût des raisons bien décisives pour se montrer si péremptoire » ;
bien que l'empereur lui fît représenter que la dépêche ministérielle ne

le liait pas, que le mouvement vers l'est était bien dangereux, il n'en persista pas moins à obéir au ministre et à remettre l'armée en route vers la Meuse. C'était, depuis Châlons, le quatrième changement de direction. Mais « Mac-Mahon, funeste par excès de discipline autant que d'autres par excès d'indépendance », jugeait que puisqu'on voulait que l'armée allât « se faire tuer là bas », il fallait obéir.

Quand, le 28 au soir, les divisions arrivèrent au voisinage de la Meuse, sans l'atteindre encore, se dirigeant sur Montmédy, l'ennemi nous avait devancés ; à Stenay, à Dun, il avait passé ce fleuve, et ses corps d'armée occupaient les positions que nous avions quittées la veille. Grand-Pré, Vouziers étaient en son pouvoir, et, plus au nord, le village de Vonck était incendié et ses inoffensifs habitants massacrés : telle est la manière prussienne de faire la guerre.

Après quelles péripéties, avec quelles incertitudes, quelles alertes, quelle lassitude, le 5e corps commandé par Failly arriva le 29 au soir, en pleine nuit, à Beaumont (1), il faut le lire au Livre XLIV, chapitre VIII de l'*Histoire du Second Empire;* Beaumont où, toujours pour les mêmes causes et malgré les vaillants efforts des nôtres, comme à Saint-Privat, comme à Frœschwiller, comme à Forbach, la fortune nous fut contraire. Secondé par de nouvelles troupes envoyées en renfort, les Prussiens qui avaient occupé toutes les hauteurs dominant le village, s'emparent de Beaumont et du camp français.

Tandis que le 5e corps était ainsi écrasé devant Beaumont, les autres corps de l'armée de Mac-Mahon, 1er, 7e et 12e, cheminaient vers la Meuse, plus au nord de ce village ; mais bientôt les corps ennemis, vainqueurs de Failly, viennent attaquer nos troupes en marche, en sorte que le combat se prolonge au nord de Beaumont et de proche en proche jus-qu'à un faubourg de Mouzon qui s'étendait en ligne droite le long d'une ancienne voie romaine. Là, une héroïque charge du 5e cuirassiers où son colonel, M. de Contenson, trouva la mort, sauva d'une destruction certaine celles de nos troupes qui gagnaient Mouzon. Notre auteur cite le remarquable épisode d'un groupe du 88e régiment d'infanterie de ligne, au nombre de 250 ou 300 hommes commandés par le lieutenant-colonel Demange, et qui, ayant combattu dans les bois, séparé des au-tres troupes, coupé de toute retraite, parvient à percer les lignes alle-mandes et à gagner le pont de Mouzon sous la fusillade, escaladant la

----

(1) Beaumont, entre Stenay et Mouzon, mais à 2 kilomètres encore en deçà de la Meuse ; localité assise sur une petite éminence, mais de toutes parts dominée par des collines boisées sur les hauteurs, et éminemment favorables aux entreprises de l'ennemi.

barricade qui le défend, et bondit sur la rive droite de la Meuse que
l'armée française, vaincue et épuisée, était cependant parvenue à traverser. Mais, hélas ! quand le groupe enfin en sûreté se compta, on n'était
plus que quatre-vingt-dix. Le colonel Demange, lui même mortellement
blessé, devait succomber douze jours plus tard à l'hôpital de Mouzon.

Les traits ressortant de cet épisode, « et bien d'autres qu'on pourrait
recueillir, honoraient les revers, mais ne les réparaient pas ».

En cette journée du 30 août, nos pertes furent de 1,800 tués ou blessés, de 3,000 prisonniers, 42 bouches à feu, sans compter le matériel qui
dut être abandonné dans les camps.

V

SEDAN

A travers ces difficultés, ces pertes et ces misères, l'armée de Mac-
Mahon avait pu franchir la Meuse et se trouvait — combien diminuée !
— réunie dans l'espèce de presqu'île formée par le confluent de la Meuse
et de la Chiers son affluent. L'Empereur était arrivé dans l'après-midi du
30, à Carignan, sur la rive droite de cette dernière rivière ; quand, vers
8 heures du soir, lui fut portée la nouvelle des défaites, il n'y voulait pas
croire, d'abord ; et quand, après qu'il eut dû se rendre à l'évidence,
Ducrot vint, de la part de Mac-Mahon, le prier de se rendre à Sedan par
le chemin de fer, il eut grand'peine à s'y résoudre.

Sedan ! C'est à cette place située a une vingtaine de kilomètres plus
au nord que le maréchal conduisait son armée. Sedan entourée de fortifications surannées, assise sur les bords de la Meuse, mais dominée au
nord, au nord-est, au sud et à l'ouest, par des hauteurs boisées éminemment favorables à une attaque.

Comme la veille, à Beaumont, au lieu d'occuper immédiatement les
bois et les fermes dominant la ville, les troupes harassées, exténuées, en
partie débandées, moralement plus épuisées encore que physiquement,
s'engouffrent aux abords de cette ville comme sur les parois d'une sorte
d'entonnoir. C'était un emplacement aussi défavorable que possible pour
une armée poursuivie par un ennemi vainqueur, supérieur en nombre,
en organisation, en armement.

Grande était l'anxiété de Mac Mahon, nonobstant un reste d'optimisme
qui, chez lui comme chez l'Empereur, survivait à tous les échecs. La pro-
ximité de l'ennemi donnait lieu de penser que le salut était dans la retraite de l'armée sur Mézières. Mais vers 10 heures du matin du 31 août,
arriva un télégramme de Palikao exprimant à Mac-Mahon son étonne-

ment de la marche sur Sedan à laquelle il ne comprenait rien et combattant plus vigoureusement que jamais tout projet de retraite. « Sur un esprit irrésolu par nature et de plus façonné à l'obéissance, combien n'étaient pas troublantes ces objurgations ! » Une heure auparavant s'était présenté au maréchal, le général de Wimpffen, arrivant de Paris et lui communiquant un ordre du ministre de la guerre retirant au général de Failly le commandement du 5e corps pour le lui confier, à lui Wimpffen. En une heure aussi critique c'était une mesure de plus d'inconvénients que d'avantages. Wimpffen était encore porteur d'un autre ordre du même ministre, mais dont il ne parla point, et qui lui conférait l'autorité suprême en cas d'empêchement du maréchal.

Un peu plus tard, on entendit le canon sud-est de Sedan. C'étaient des Bavarois qui, venus de Remilly, cherchaient à attaquer le bourg de Bazeilles où s'était cantonné le 12e corps commandé par Lebrun. Repoussés par notre infanterie de marine, ils parvinrent cependant à garder le pont de la ligne ferrée ; ce pont fournissait à l'armée allemande un des passages qui lui permettait de déborder l'armée de Mac Mahon. Nos troupes furent ainsi empêchées de le faire sauter.

Par un effet de la fatalité constante qui pesait sur nous, le chef de la gare de Sedan, effrayé au bruit du canon, avait, sans ordre de personne et de sa propre initiative, fait filer sur Mézières tous ceux des wagons d'approvisionnements à destination de l'armée, qui n'avaient pas encore été déchargés. En sorte qu'il y avait pénurie de vivres, et que « ces lieux, désastreux pour y combattre, ne seraient même pas bons pour y vivre ».

La soirée se passa, à l'état-major, en mesures insuffisantes. Ducrot avait voulu la retraite à la faveur de la nuit et en avait proposé le plan. Il dut obéir, la mort dans l'âme, aux ordres contraires et impératifs du maréchal qui lui même se montrait trop passivement obéissant aux ordres venus de Paris.

Cependant, à l'état major prussien M. de Moltke n'était pas sans inquiétude. Il redoutait, à la faveur d'une nuit noire, cette retraite que Mac Mahon ne croyait pas, devant les ordres réitérés du ministre de la guerre, pouvoir prendre sur lui d'ordonner. Le généralissime ennemi envoya aux corps de troupes éloignés l'ordre de quitter leurs campements et de se rapprocher sans retard, déclarant ne se tenir pour tout à fait rassuré, tout à fait satisfait qu'autant que « l'aube du lendemain lui montrerait ses ennemis immobiles sur leurs positions. »

Le lendemain quand l'aube du 1er septembre vint à poindre, la lutte était déjà engagée autour de Bazeilles. Lebrun rongé d'inquiétude et craignant d'être surpris avait fait sonner le rappel dès quatre heures du matin, en pleine obscurité. La sonnerie répétée successivement dans tous les régiments du corps avait donné l'éveil aux Bavarois. Mais les vaillants soldats de l'infanterie de marine qui, déjà, les avaient la vei.le rejetés jusqu'au pont du chemin de fer, avaient eu la précaution de barricader les rues et de créneler les murs de clôture aux abords du bourg. On se battit d'abord dans l'obscurité et un peu à tâtons ; puis, aux premières blancheurs de l'aube, d'une manière moins incertaine. La défense par nos troupes fut d'une rare énergie ; chaque maison constituait comme une petite forteresse d'où les coups pleuvaient sur l'ennemi. Tel détachement Bavarois, bloqué dans une maison avancée doit mettre bas les armes ; plusieurs compagnies, délogées du village, vont se reformer derrière le talus du chemin de fer. Et quand des renforts bavarois arrivent d'Aillicourt au sud, au lieu de compléter le succès auquel ils croyaient, c'est tout au plus s'ils égalisent les chances. L'aurore fait place au soleil, mais le grand jour favorise nos ennemis. Des batteries saxonnes et bavaroises se mettent en position sur les hauteurs et dirigent des feux convergents sur la bourgade.

A 6 heures, Mac Mahon, ayant gravi un point élevé d'où il pouvait embrasser les lignes ennemies en vue de secourir Lebrun, un éclat d'obus l'atteignit au haut de la cuisse, comme il fouillait le terrain de sa lunette. Mis hors de combat, il fallut le ramener à Sedan.

Quand l'Empereur apprit cette nouvelle, il pâlit et deux grosses larmes tombèrent de ses yeux. Mac-Mahon blessé avait désigné pour son successeur Ducrot, homme sans doute brusque, absolu, passionné, mais possédant les qualités maîtresses du savoir, de l'initiative, du dévouement absolu à la patrie. Ducrot, reprenant son plan de la veille donnait des ordres pour la retraite vers le nord, lorsqu'une note de Wimpffen lui fit connaître que celui ci était investi du commandement en chef par le ministre de la guerre.

Tout en acceptant sans plainte la décision ministérielle, Ducrot s'efforça de convaincre Wimpffen de l'urgente nécessité de la retraite. En contact avec l'ennemi depuis le commencement des hostilités, Ducrot connaissait son mode d'agissement et sa tactique ; il exposait la position enveloppante des corps d'armée allemands. Wimpffen écoutait à peine ; l'apparent succès à Bazeilles lui mettait un voile devant les yeux. « Ce qu'il nous faut. disait-il, c'est une victoire. » Et Ducrot exaspéré de répondre : « Une victoire ! heureux serons-nous si, ce soir, nous avons encore une ligne de retraite ! » M. de la Gorce ajoute que Ducrot, retournant au galop vers ses officiers, leur jeta ces seuls mots ; « Nous sommes perdus ! »

Que pouvait faire Wimpffen, un officier auquel ne manquaient assurément ni l'intelligence ni la bravoure, mais qui, nouveau venu, ne connaissait ni son ennemi, ni son armée, ni le champ de bataille. La résistance acharnée, à Bazeilles, du 12e corps contre les Bavarois, lui donnait
la décevante illusion d'un commencement de victoire, et il espérait, en
remontant la vallée de la Chiers, gagner Carignan, puis Montmédy, et
enfin prendre la route de Metz, suivant l'idée fixe que Palikao lui avait
communiquée. Etant donné les positions de l'ennemi à l'heure actuelle,
les renforts puissants qui venaient d'épaissir ses rangs, un tel plan
n'était qu'une chimère : il eût fallu bousculer et traverser des troupes
trois fois supérieures, les unes exaltées par le succès, les autres toutes
fraîches. Or, tandis que nos troupes défendaient Bazeilles avec une
ténacité qui se traduisait, dans les rues par des luttes corps à corps
auxquelles prenaient part les habitants eux-mêmes défendant leurs propres foyers, et que, furieux de cette résistance, les Bavarois y répondaient par l'incendie, de nouvelles troupes arrivaient de toutes parts,
Saxons et Prussiens, venant secourir directement les Bavarois ou, remontant le cours de la Givonne (1), s'établir à bonne hauteur pour canonner
nos troupes. « Tout ce que peut faire une vaillante troupe pour balancer
le nombre et conjurer la fortune, dit l'historien, les Français le firent
en ces lieux. Ils parvinrent même à remporter quelques succès partiels
au hameau de La Moncelle et au château de Monvillers, au-dessus et au
nord-est de Bazeilles. Mais, vers onze heures, les Allemands couronnent
toutes les hauteurs dominant La Moncelle. La lutte continuait toujours
sanglante, acharnée, à Bazeilles même où certains de nos régiments perdirent le tiers de leurs officiers, tandis que dans le seul 1er corps bavarois, les pertes, avant la fin de la journée, dépassaient 2.000 hommes.

L'ennemi avait fini par être maître du village. Mais il restait à l'extrémité ouest une maison, connue sous le nom de Maison Rougerie, où
s'étaient réfugiés une cinquantaine d'hommes avec trois officiers : Lambert, commandant; Ortus, capitaine ; Aubert, lieutenant, « noms que
l'histoire doit garder, ne pouvant retenir les autres ». On se barricade
dans cette maison avec ce que l'on trouve, tonneaux, planches, matelas, de manière à soutenir un siège. « Les balles allemandes déchiquè-
tent les matelas, trouent les portes, les boiseries, les plafonds, rico-
chent, blessent, tuent. Lambert, atteint, dirige encore la défense. Aucune attente de secours : en face Bazeilles qui flambe, en arrière nos

____

(1) Petite rivière affluent de la Meuse et descendant du nord au sud entre
les hauteurs dominant Sedan au nord et au nord-est, et, après avoir longé
Bazeilles, prenant son embouchure au sud du bourg.

régiments qui se replient. Ni la certitude de l'issue, ni l'extrémité du péril n'ébranlent cet héroïsme qui n'a pas besoin d'espoir. Dans les deux petites chambres gisent les morts, les blessés ; on fouille les gibernes des uns et, quant aux autres, ils essaient de se relever pour tirer encore. Méthodiquement, les fusils s'abaissent sans hâte, sans trouble, avec la même fermeté pour manier l'arme, la même sûreté pour viser. Un général ennemi est arrivé et, pour réduire la misérable maison, appelle l'artillerie. Cependant, une crainte, une seule, émeut ces hommes intrépides, celle de manquer de munitions. Une cartouche reste. Aubert tire. Moment suprême... Tout étant épuisé, on déchire un rideau blanc et, par l'une des ouvertures, on le hisse en signe de reddition. Le commandant Lambert descend, ouvre, s'offre en holocauste. Un cri de mort l'accueille Il allait succomber quand un officier bavarois, du nom de Lessignold, s'interposant, épargna aux vaincus la vie et un crime à son pays (1). »

C'est le peintre Detaille, croyons-nous, qui a immortalisé cette héroïque défense dans le tableau qui a pour devise : *La dernière cartouche.*

La victoire de Bazeilles avait donc été chèrement achetée par l'ennemi Sa vengeance fut impitoyable, hideuse. Contre le vaincu désormais sans défense, tout fut employé. On enduit les murs de pétrole contre lesquels on fait flamber de grands tas de paille. Tout le village est bientôt en flammes, et au sein des ruines, gisent pêle-mêle, parmi les morts, les blessés que l'on ne secourt pas. Bien mieux, dans leur furie, les Bavarois, contrairement à toutes les lois de la guerre, passent par les armes trois de nos officiers faits prisonniers. Ce n'est point encore assez. Dans le sinistre silence qui suit la reddition, l'on entend des coups de feu espacés.

Ce sont des hommes, ce sont des femmes qu'on fusille : Ils avaient — crime irrémissible, paraît-il, devant la vindicte tudesque — défendu leurs foyers violés par l'envahisseur ; attaqués, ils avaient riposté. Telle est la générosité allemande ; et si les premières manifestations en ont paru à Voncq et à Bazeilles, les mêmes atrocités seront, à nombreuses reprises, répétées durant tout le cours de cette funeste guerre.

Si terrible qu'elle fût, l'affaire de Bazeilles n'était pas la vraie bataille. Dès le point du jour, les 11ᵉ et 5ᵉ corps prussiens avaient contourné, ayant passé par Donchery, la vaste boucle que la Meuse forme au nord-ouest de Sedan ; vers neuf heures, ils avaient pris position sur les hauts plateaux qui dominent Sedan du côté du nord et commencé l'engagement avec notre 7ᵉ corps. Attaqués de l'ouest, les plateaux étaient en même

____

(1) Tome VII, p. 330.

temps menacés de l'est par la garde prussienne qui s'avançait, tandis que, du bois de la Falizette situé au nord de la boucle, débouchait un afflux ininterrompu d'infanterie et d'artillerie prussienne. Wimpffen voit tomber ses illusions et, devant le danger de plus en plus pressant, partage son commandement avec Ducrot qui, amené par là même à diriger les derniers efforts, se multiplie pour réunir et grouper les suprêmes ressources ; aidé des généraux Douay, Liébert, Margueritte et, après une affreuse blessure de ce dernier, par Galliffet, promu général l'avant veille, Ducrot fait des prodiges. Les restes de notre armée tenaient encore sur le plateau d'Illy, au nord de Sedan, au pied d'une éminence où s'élevait un calvaire flanqué de deux tilleuls ; mais entourée de tous les côtés par les corps ennemis, la position était singulièrement grave. La vue du général Margueritte, la figure dégouttante de sang (une balle l'avait traversée de part en part), électrise nos cavaliers déjà décimés. Sous la conduite de Galliffet, les 3e et 1er chasseurs d'Afrique, le 1er hussards, le 6e chasseurs suivis d'une portion du 4e chasseurs d'Afrique, s'élancent en une charge furieuse à travers cent obstacles dans la direction de la Meuse; criblés par les balles, abattus par la mitraille, ils tourbillonnent, par fois reculent, puis avancent de nouveau et se brisent contre les baïonnettes. Tandis que la plupart des survivants sont contraints à la retraite, quelques-uns arrivent jusqu'à une batterie d'artillerie, non loin de la Meuse, en sabrent les servants. Quelques escadrons épars de lanciers et de cuirassiers se joignent à eux, fondent sur un régiment d'infanterie prussienne, s'élancent sur le gros de la troupe qui les fusille de toutes parts, et ce qui reste parvient, dans une chevauchée infernale, jusqu'au tournant de la boucle de la Meuse « où ils jettent un instant l'épouvante au milieu des arrière-gardes surprises et des convois terrifiés. » Ces braves combattaient dans une lutte « sans issue comme sans espoir, mais tout illuminés d'héroïsme ».

Quand, du haut du plateau d'Illy, Ducrot vit revenir les chasseurs et les hussards « décimés mais non découragés », il demanda à Galliffet un nouvel effort, au moins pour l'honneur des armes.

— Tout ce que vous voudrez, mon général, tant qu'il en restera un, avait répondu Galliffet.

Et une nouvelle charge s'élance avec la même ardeur, le même mépris de la mort. Seuls quelques cavaliers, leur général en tête, parvinrent à percer plusieurs rangs, forçant l'admiration des ennemis eux mêmes. Lorsque Galliffet dut rebrousser chemin avec les débris de sa brigade, le régiment de Nassau suspendit son feu ; les officiers français saluèrent aux cris de : « Vive l'Empereur ! » et les officiers allemands rendirent le salut,

« Ce trait chevaleresque, dit M. de la Gorce, apparaît presque unique dans l'histoire de cette sinistre guerre. »

C'est dans cette circonstance que le roi Guillaume qui, d'une hauteur, suivait avec sa lunette les mouvements de nos cavaliers aux couleurs éclatantes au milieu des masses sombres de l'infanterie allemande, s'écria, dans un élan d'admiration jalouse : Ah ! les braves gens ! « Et cet hommage, échappé des lèvres d'un ennemi, consacrera à jamais la grande prouesse » qui, impuissante à amener la victoire, a du moins grandement honoré la défaite.

Car la défaite était consommée ; et lorsque, le soir, le feu cessa, lorsque notre armée décimée, démoralisée, reflua vers Sedan, elle était cernée de toutes parts, nulle issue ne lui restait ; elle était tout entière à la merci de l'ennemi.

L'Empereur avait, durant toute la matinée parcouru le champ de bataille « se montrant avec un simple et modeste courage aux endroits les plus périlleux ». Autour de lui, un de ses officiers, le capitaine d'Hendecourt, avait été tué et plusieurs avaient été blessés. Rentré à Sedan un peu avant midi, le malheureux souverain, comprenant que la partie était décidément perdue, aurait voulu faire arrêter l'effusion du sang. Mais, dans la bataille, il n'était plus qu'un soldat. Le drapeau blanc qu'il avait fait arborer, Wimpffen l'avait fait abattre : il gardait encore des illusions, voyant devant lui quelques troupes ennemies épuisées et ne réfléchissant pas que derrière elles de puissants renforts les appuyaient. Vains aussi furent ses efforts ; et voyant décimée par les balles, écrasée par des feux convergents d'artillerie, la petite troupe qui le suivait, il reconnut tristement qu'il n'y avait plus rien à faire.

Il fallait songer à parlementer. Napoléon, qui « avait abdiqué à Paris le pouvoir politique, à Metz l'autorité militaire, redevenait le souverain pour boire le premier à la coupe amère. » Comme il attendait les messagers qu'il avait envoyés vers Wimpffen pour signer l'ordre de cesser le feu et demander une suspension d'armes, deux officiers arrivèrent du quartier général prussien pour sommer la place de se rendre.

Napoléon écrivit au roi de Prusse que, n'ayant pu mourir à la tête de ses troupes, il ne lui restait qu'à remettre son épée au vainqueur.

Il avait espéré que les cordiales relations de naguère — lorsque Guillaume II avait été par deux fois en France l'hôte fêté et choyé de la cour des Tuileries — les sympathies, les promesses d'amitié alors échangées, seraient présentes au souvenir du vainqueur et que quelqu'adoucissement pourrait en résulter dans les conditions qu'il imposerait. « L'Empereur no pouvait se persuader que ceux dont il avait recueilli tant de paroles dorées seraient impitoyables jusqu'au bout. »

Il oubliait de compter avec l'âme prussienne et le caractère sans merci des Bismark et de De Moltke. Durant les pourparlers qu'ils eurent soit avec les officiers munis des pleins pouvoirs de Napoléon, soit avec l'Empereur lui-même, ils se montrèrent, sous les formes qu'exigeait la plus élémentaire courtoisie, d'une dureté extrême, appuyant leurs exigences implacables sur les forces accumulées autour de notre armée prisonnière et que de Moltke, avec sa formidable artillerie, se faisait fort d'anéantir en deux heures.

Il fallut subir toutes les conditions d'un ennemi dont l'esprit chevaleresque et la générosité — si tant est qu'ils existassent — étaient loin d'égaler la force matérielle et les talents militaires. Toute l'armée serait prisonnière : elle comptait encore 83,000 hommes, sans parler des 21,000 faits prisonniers pendant la bataille. Tout le matériel serait livré (1) et la place de Sedan remise à l'ennemi.

L'Empereur avait demandé que les prisonniers fussent envoyés en Belgique, pays neutre, pour y être internés. Il semble qu'un si modeste adoucissement eût peu coûté à nos vainqueurs, car tous ces prisonniers n'en eussent pas moins été immobilisés pendant toute la durée de la guerre. Il fut durement refusé. Les Allemands, dit M. de la Gorce, eurent plus souci d'assurer leur proie que de se montrer humains. Ils enfermèrent les vaincus dans la vaste presqu'île que forme la Meuse au nord-ouest de Sedan et qui, barrée au sud par un canal établi pour éviter à la navigation le contour que dessine le fleuve, faisait de cette presqu'île une prison naturelle en la circonstance. Les malheureux prisonniers furent parqués là comme un haras de bestiaux. « Point d'abris, point de paille, point de bois, point de distributions régulières de vivres. Les pluies qui survinrent en abondance et détrempèrent les terres accrurent l'insalubrité. » Enfin, à partir du 6 septembre, des convois formés chacun de 2,000 hommes s'acheminèrent vers l'Allemagne. « Ainsi fut évacué le *camp de la misère*, comme l'appelèrent les soldats. Et il faut que les souffrances aient été bien grandes pour que le départ, même pour la terre étrangère, ait paru à plusieurs un allègement. »

Quant à l'Empereur, autorisé à se rendre en Allemagne par la Belgique,

____

(1) Les Allemands ont eu soin d'en faire l'inventaire. Il comprenait : 419 canons de campagne ou mitrailleuses, 139 pièces de place, 1.072 voitures, 66,000 fusils. Leurs pertes elles-mêmes, bien qu'elles s'élevassent à près de 9.000 hommes, semblaient modérées comparativement au résultat. *La guerre franco-allemande*, t, ii, citée par M. de la Gorce, t. vii, p. 366.

il partit accompagné de quelques uns de ses aides de camp, de deux officiers allemands et d'une escorte de cavaliers prussiens.

Quelques-uns ont pensé que si, au lieu d'accepter la dure et implacable capitulation, on eût lutté jusqu'au bout en s'envelissant sous les ruines de Sedan, on eût mieux servi le nom et la dynastie de Napoléon. Comme on rappelait cette pensée au prince, dans son exil de Chislehurst, il répondit : « C'est possible. Mais tenir dans la main la vie de milliers d'hommes et ne pas faire un signe pour les sauver, c'était chose au-dessus de mes forces. Mon cœur se refuse à ces sinistres grandeurs. »

Et l'historien ajoute :

« Qui ne serait touché de ces paroles ? La véritable histoire place ses sévérités à l'époque où se commettent les fautes, non à l'époque où les fautes se paient. Les fautes, c'est l'incroyable série d'aberrations, d'ignorances, de rêves ambitieux et débiles qui avaient mis toutes choses à point pour le dernier abaissement. Sedan, ce n'est que l'expiation. Durant tout le cours du règne, il y eut des coupables : le 1er septembre, dans la petite place forte où vint s'abîmer la France, il y eut surtout des malheureux. L'Empereur, plus infortuné que tous les autres, n'était plus rien. Quand tout fut effondré, il intervint avec l'impassible tendresse de sa grandeur désabusée et, avant de déchoir pour jamais, redevint le maître une dernière fois pour arrêter le sang. Je ne sais si je me trompe; mais cet acte suprême achève de peindre l'homme funeste mais non haïssable, complexe et compliqué mais non vulgaire, égaré mais non méprisable, chimérique mais généreux dont l'histoire s'achève. La Providence, en le frappant, se refusait à le dégrader tout à fait. Sur cette existence d'où se retiraient tous les rayons, elle laissait luire ce rayon divin qui naît de la bonté. Comme le pauvre Empereur avait été bon, il le serait jusqu'au bout. Cette marque serait la sienne, elle subsisterait comme une harmonie dernière au milieu de toutes les incohérences de son règne ; et celui qui toute sa vie avait été prince humanitaire finirait par un acte d'humanité (1). »

VI

DU 10 AOUT AU 4 SEPTEMBRE

Que se passait-il à Paris et dans les départements durant cette lugubre série de désastres que subissaient nos armées de l'est et du nord est? On se rappelle que le ministère Ollivier avait, après Frœschwiller et Forbach,

_____

(1) Tome VII, p. 368.

payé de sa chute nos premiers revers, et que l'Impératrice régente avait le 10 août, confié la formation et la direction du nouveau Cabinet au général de Palikao. D'accord avec les Chambres, le nouveau gouverne ment s'occupa des mesures militaires que commandait la situation. La formation des 12e, 13e et 14e corps d'armée fut décidée. On prescrivit la levée immédiate du contingent de 1870. Tous les hommes valides de 25 à 35 ans non mariés ou veufs sans enfants furent appelés à renforcer la garde mobile ; les engagements volontaires furent acceptés sans limite d'âge, et l'on rétablit la garde nationale. Puis, comme les premiers suc-cès de l'ennemi faisaient à bon droit pressentir qu'il marcherait bientôt sur Paris, on s'occupa de mettre au niveau des récents progrès de la balistique, les fortifications de Paris, de munir la ville d'approvisionne-ments en vue d'un siège qu'on croyait alors devoir être de courte durée. Un emprunt de 500 millions, s'ajoutant à pareille émission du mois de juillet, fut aisément couvert, et certaines richesses telles que les diamants de la couronne, les plus belles toiles des musées du Louvre, une partie du numéraire de la Banque de France et les drapeaux des Invalides furent éloignés de Paris et déposés en lieu sûr.

Cherchant à profiter de l'émotion et des troubles où les malheurs de la patrie mettaient les esprits, le parti du désordre souleva des émeutes, d'ailleurs réprimées sans trop de peine, à Marseille et à Lyon. A Paris, la caserne des sapeurs-pompiers de La Villette fut assaillie le 14 août par une bande d'hommes armés dont le coup d'audace, promptement ré-primé, ne le fut pas sans laisser quelques morts et blessés. Eudes, le futur membre de la Commune, se trouva parmi les insurgés arrêtés.

Ce qui était plus grave que ces premières tentatives révolutionnaires heureusement réduites, c'était l'état général des esprits, aussi bien dans la population qu'au Corps législatif. Celui-ci flottant entre tantôt des vel-léités d'indépendance voire d'empiètement sur les attributions du pouvoir exécutif, qui, suivies et soutenues, auraient pu exercer un contrôle effi-cace, et tantôt des retours à la soumission traditionnelle du régime qui, par ses alternatives, ne prêtaient au gouvernement aucune force, constituait un rouage compliqué et encombrant plutôt qu'utile. Dans le public, l'opi-nion affolée se livrait aux écarts les plus extravagants, soit accueillant avec une crédulité naïve les plus invraisemblables nouvelles, soit exa-gérant les faits et attribuant à la trahison ce qui n'était que la consé-quence fatale de l'imprévoyance, de l'incurie et de la présomption qui avaient préludé à cette guerre. On voyait des espions partout et dans plusieurs départements des sévices furent exercés sur nombre de per-sonnes inoffensives.

Dès le début des hostilités, des négociations diplomatiques avaient été entamées en vue de nouer des alliances. M. de Beust avait proposé dès le 2 août une alliance avec l'Italie pour une neutralité armée pouvant se transformer en concours direct. Mais comme le projet impliquait l'abandon immédiat de Rome par nos troupes, ni le ministère Ollivier, ni notamment l'Empereur lui-même, malgré l'insistance du prince Napoléon, ne voulurent consentir à cette clause, estimant, selon une parole d'Emile Ollivier, qu'aucune alliance ne vaut qu'on manque à l'honneur. Il est douteux du reste, comme le remarque M. de la Gorce, « que la France, même condescendante jusqu'à la lâcheté, eût touché le prix de sa faiblesse ».

Au surplus ces velléités de faire alliance avec nous, même à des conditions inacceptables, n'eurent corps qu'au début, lorsque nul revers n'avait encore affaibli notre prestige. Au premier bruit de nos défaites toute disposition favorable à notre égard s'évanouit, l'Autriche n'obéissant plus à aucune autre préoccupation qu'à celle de ne pas se compromettre, trouva plusieurs prétextes pour rompre les négociations engagées, ce qui libérait en même temps l'Italie. Après la funeste journée du 6 août, des tentatives furent faites auprès de l'Italie en vue d'en obtenir le concours d'une armée de 60,000 hommes. L'impartialité oblige à reconnaître que cette demande ne fut pas repoussée immédiatement, et même que la question fut sérieusement examinée par le gouvernement italien et les autorités militaires : le refus résulta de l'impossibilité de réunir avant un mois l'armée de secours demandée. Dire que les Italiens ne se sentirent point satisfaits de cette impossibilité, ce serait aller beaucoup trop loin ; d'autant plus que leur grand souci fut aussitôt de se mettre à l'abri d'une nouvelle sollicitation possible de la part de la France.

C'était avant d'entreprendre la guerre qu'il eût fallu songer à s'assurer des alliances. Les solliciter, la guerre engagée et après des échecs, c'était bien une tentative désespérée.

L'Italie recourut à l'Angleterre. Celle-ci, « qui avait oublié Inkermann, ne pouvait se scandaliser que l'Italie oubliât Solferino. » Lord Granville, chef du *Foreing-Office*, imagina aussitôt une *ligue des neutres* organisée par un simple échange de lettres entre les puissances non engagées dans la lutte et par lesquelles celles-ci s'obligeraient à ne se départir de la neutralité qu'après s'être communiqué leurs idées et s'être réciproquement avisées de leur changement de politique. Le prétexte de cette entente était de resserrer l'union entre les Etats européens ; le but était de fournir à l'Italie un échappatoire à toute nouvelle sollicitation possible de la France.

Aussi quand, le 19 août, au lendemain de Saint-Privat, le prince Napoléon vint à Florence, envoyé par l'Empereur, pour faire une tentative
dernière auprès de son beau-père, le roi Victor-Emmanuel, y parut-il
« comme l'image vivante de la défaite ». Les uns se détournèrent de
lui ; les autres lui prodiguèrent sous une forme tantôt touchante et déso-
lée, tantôt prolixe et banale, les protestations de leur amitié impuissante.
« Celui qui venait tout demander n'avait plus rien à offrir, pas même
Rome que, désormais on prendrait bien sans la France. »

Le prince, devant cet insuccès, voulait partir. L'Empereur lui télé-
graphia de rester pour poursuivre les négociations. Il resta, mais sans
utilité et de plus en plus importun à ceux qui restaient volontairement
sourds aux suggestions de la reconnaissance. Victor-Emmanuel, ne pouvant éconduire son gendre, se tira d'embarras en partant pour la chasse.

Du côté de la Russie, le tzar Alexandre II, d'abord sympathique à la
Prusse, froissé qu'il avait été lui-même de la malencontreuse demande
de garanties interprétée selon la version Bismarck, avait été, en présence
de nos malheurs, reporté quelque peu vers la France. Mais les apparentes bonnes volontés du gouvernement moscovite se dissipèrent en
paroles, et une fois de plus la pauvre France eut à constater qu'elle
n'avait à compter que sur elle-même.

Cette situation douloureuse fut rendue plus patente encore à la suite
du désastre du 1er septembre. Il ne fut définitivement connu à Paris
que le 3 à 4 heures 1/2 du soir par une dépêche de l'Empereur à l'Impératrice ainsi conçue : « L'armée est défaite et captive ; moi-même je
suis prisonnier. »

Jusque là on soupçonnait bien la vérité, on ne se faisait plus guère
illusion ; mais, tout en comprenant que nos armées étaient vaincues on
ne pouvait imaginer une infortune aussi profonde. Comment faire connaître officiellement un désastre tel que pour en trouver de comparable
il faudrait remonter aux premiers siècles de notre histoire ! Il fallait ou
que le gouvernement de la Régence, assumant toutes les responsabilités,
agît vigoureusement et en quelque sorte dictorialement, pour maintenir
l'ordre, dompter les séditions, tout en prenant toutes les mesures néces-
saires pour faire face au danger extérieur, — ou bien au contraire qu'il
accrût les attributs du Corps législatif, de manière « à le grandir assez
pour lui ravir toute tentation d'usurper. » Si périlleuse que fût l'une ou
l'autre de ces deux alternatives, là seulement restait quelque chance de
salut pour la dynastie. On ne sut se résoudre à rien, «les conseillers de la
Régence n'eurent ni l'audace qui sait usurper, ni l'abnégation avisée qui
se dépouille à propos »; et, après maints pourparlers sans aboutisse-

ment, on s'ajourna au lendemain matin. Mais le bruit de la fatale nouvelle avait transpiré. Spontanément un grand nombre de députés s'étaient
rendus dans les couloirs du Corps législatif, et quelques-uns d'entre eux
pressaient, à la Présidence, M. Schneider de réunir la Chambre.

C'est ainsi que, à la grande contrariété du gouvernement, les députés
furent convoqués pour minuit. L'aspect de l'assemblée était morne et
atterré. Le ministre Palikao, pour annoncer officiellement la redoutable
nouvelle : l'armée captive l'empereur prisonnier, — ne sut laisser entendre
« que quelques phrases ternes et vulgaires » et se borna à demander
l'ajournement de la discussion au lendemain. C'est alors, au moment où
M. Schneider consterné se préparait à lever la séance, que Jules Favre,
dédaignant les objurgations du président, présenta, d'une voix autoritaire
et coupante, une proposition de déchéance de l'empereur et de sa dynastie,
que ses amis et lui avaient eu le temps de rédiger pendant que les ministres perdaient le leur en échanges de vues stériles. L'orateur annonçait qu'à la séance qui suivrait à midi, il ferait connaître « les raisons
impérieuses » qui paraissaient, à ses amis et à lui, commander l'adoption
de la proposition.

Pendant le reste de la nuit, des escouades d'afficheurs étalèrent sur les
murs de Paris de vastes affiches annonçant l'immense malheur. C'était
un dimanche. Dès l'aube la nouvelle fut connue et partout des attroupe-
ments se formèrent. La douleur et la consternation se lisaient sur la plupart des visages, en même temps qu'un arrière-sentiment de joie chez
quelques-uns. Ceux-ci n'étaient autres que les éternels suppôts de la révolution et du désordre ; ils comprenaient qu'à la fin de la journée la rue
serait à eux.

De bonne heure les ministres s'étaient réunis en conseil sous la présidence de l'impératrice-régente, et pendant qu'ils délibéraient, arrivaient
rapports sur rapports adressés à l'impératrice et annonçant le grossisse-
ment des groupes populaires et l'accroissement de l'effervescence dans
la cité. A la fin, une dépêche venue de Lyon annonçait que la révolution
avait éclaté dans cette ville et la République proclamée sur la place des
Terreaux.

Les forces restées à Paris, restreintes depuis la formation du 13ᵉ corps
confié au général Vinoy, étaient cependant suffisantes à la condition d'être
commandées par un homme résolu et ayant la confiance de la population.
Cet homme était le gouverneur de Paris, Trochu.

Reçu par le gouvernement de la Régente et par la Régente elle-même
avec défiance et plus que froidement, quoique non formellement répudié
parce qu'il avait été nommé et envoyé par l'Empereur, Trochu avait été

tenu constamment à l'écart ; Palikao ne se gênait point pour envoyer des
ordres par-dessus sa tête, pour décider des mouvements de troupes, des
envois au corps d'armée de Vinoy, sans même l'en informer. Au début
de la fatale journée du 4 septembre, il avait adressé les instructions pour
le maintien de l'ordre au général Soumain, lequel avait, non sans raison,
cru devoir, correctement, en informer son chef hiérarchique immédiat,
le gouverneur de Paris. Justement froissé mais trop homme d'honneur
pour faire défection, Trochu n'eut pas cet héroïsme, supérieur peut-être
à l'héroïsme des champs de bataille, et qui consiste à faire litière de tous
gr efs et injures personnels pour apporter son dévouement tout entier
aux auteurs mêmes des griefs quand ils sont en péril. Il mit sa fierté
blessée à accentuer plus encore l'isolement dans lequel on l'avait tenu.

De tous ces tiraillements résulta un défaut de mesure et de coordi-
nation dans la sauvegarde de l'ordre et la répression de l'émeute. Trochu,
se trouvant dispensé par Palikao de donner des ordres, se montra un peu
trop empressé de saisir la dispense.

Aussi, pendant qu'au Corps législatif on discutait sur diverses propositions, celle de Jules Favre pour la déchéance, deux autres, l'une de
Palikao, l'autre de Thiers, pour établir un état de choses provisoire et
parer au plus pressé, et qu'on nommait une Commission pour examiner
la proposition Thiers qui avait les préférences de la majorité, l'émeute,
maîtresse de la rue, avait forcé la grille du Palais Bourbon et envahi
l'assemblée aux cris de : *Déchéance !* et *Vive la République !* Les députés
de la gauche, après avoir essayé en vain de calmer l'effervescence et de
contenir la révolution, finissent par s'y associer. Comme les émeutiers se pré-
paraient, le président s'étant retiré, à proclamer eux-mêmes la déchéance
du haut du bureau et à introniser le régime du désordre dans l'enceinte
même du Corps législatif, Jules Favre eut la présence d'esprit de suggérer
l'exode vers l'Hôtel-de-Ville ; lui-même se mit en tête, et toute cette foule
où, avec l'élément révolutionnaire et démagogique, marchait le troupeau
de Panurge des naïfs, des badauds et des niais, déboucha sur la place de
Grève comme quatre heures sonnaient à l'horloge de l'Hôtel-de-Ville.

Nous n'insisterons pas sur la formation du gouvernement qui se nomma
lui même, comprenant les députés de la Seine et ceux qui, nommés par
ce département avaient opté ailleurs. Ils s'adjoignirent Rochefort, que
la foule avait tiré de la prison où il purgeait une condamnation pro-
noncée sous l'Empire. Trochu était alors l'une des idoles de la foule en
raison non seulement de ses talents militaires, mais surtout de l'anti-
pathie dont il avait été l'objet par le gouvernement de la Régence ; on
le considérait d'ailleurs comme nécessaire pour maintenir l'ordre et con-

tenir la fraction la plus avancée du parti révolutionnaire, laquelle se montrait déjà irritée de n'avoir qu'une part insuffisante au gâteau.

Après quelques hésitations et tergiversations, Trochu finit par accepter de faire partie du nouveau gouvernement, mais à la condition qu'il en serait le chef, ce qui lui fut accordé sans difficulté.

Pendant que se passaient tous ces événements, on était fort anxieux aux Tuileries. L'impératrice, entourée d'une vingtaine de personnes, amies fidèles et dévouées, n'apprenait que par fragments et données incomplètes ce qui se passait. Le prince de Metternich, ambassadeur d'Autriche, et le chevalier Nigra, ambassadeur d'Italie, étaient accourus et assumèrent la tâche délicate de faire comprendre à la souveraine déchue qu'il était temps de chercher son salut dans la fuite. Eux-mêmes l'escortèrent jusqu'au moment où ils purent la faire monter avec Mme Lebreton, sa lectrice. Ce fut chez un dentiste américain, le Dr Evans, demeurant aux abords du bois de Boulogne, qu'elles trouvèrent asile.

Le Sénat avait tenu une dernière séance sans éclat comme sans effet. Quant au Corps législatif il avait, représenté par 200 de ses membres, tenu séance dans la salle à manger de la Présidence et s'était résigné, non sans répugnance, à s'aboucher avec ceux de leurs collègues qui siégeaient à l'Hôtel de-Ville. Il leur fut répondu, très courtoisement d'ailleurs, qu'il était trop tard, que si les nouveaux gouvernants se réunissaient avec les députés, ils seraient balayés de l'Hôtel de Ville, comme eux-mêmes l'avaient été du Palais-Bourbon.

Ainsi finit le second Empire. Il avait commencé dans les conditions les plus exceptionnellement favorables qu'un gouvernement nouveau ait jamais réunies. Et par abus du pouvoir personnel, par écartement systématique de tous hommes indépendants même non hostiles, par concessions regrettables à l'esprit révolutionnaire, enfin par obstination à vouloir réaliser des utopies enfantées par son cerveau, l'Empereur Napoléon III a abouti à créer de ses propres mains en Europe la puissance qui devait le vaincre et à s'aliéner à jamais les hommes de la révolution en même temps qu'à leur livrer la France elle-même.

C. DE KIRWAN.

Arras. — Imp. SUEUR-CHARRUEY, 10, rue des Balances.

Arras. — Imp. SUEUR-CHARRUEY, rue des Balances, 10.

www.ingramcontent.com/pod-product-compliance
Lightning Source LLC
Chambersburg PA
CBHW071509030726
47593CB00003B/1242